KB164378

이나모리 가즈오

# 남겨야 산다

**INAMORI KAZUO NO KEIEIZYUKU**
**- Q&A KOUSYUEKI KIGYOU NO TSUKURI KATA**


Originally published in Japan in 2007 by Nikkei Publishing, Inc.
Korean translation rights arranged with Nikkei Publishing, Inc. Japan.
through CREEK & RIVER Co,. Ltd. and CREEK & RIVER KOREA Co., Ltd.

이나모리 가즈오

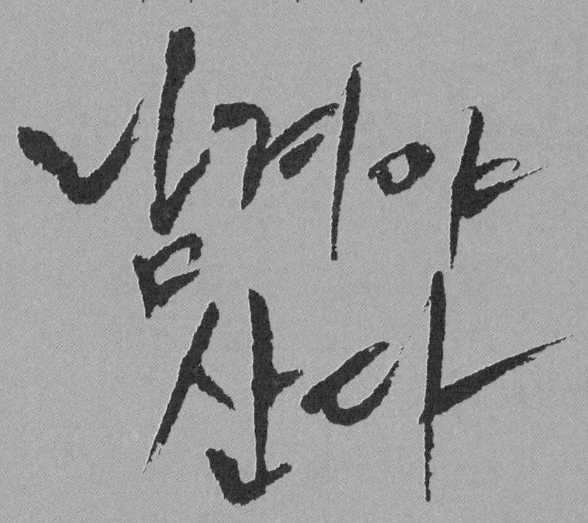


**이나모리 가즈오** 지음
양준호 옮김

한국경제신문

# 이 책의 독자들에게

경영을 배우려는 모임 '세이와주쿠(盛和塾)'에는 다양한 업종에 종사하는 3천6백여 명의 학생들이 참가하고 있습니다. 제가 이 모임을 꾸리게 된 계기는 이렇습니다. 1980년 저의 강연을 들은 젊은 경영자들로부터 어떻게 하면 경영을 잘할 수 있는지에 대해 가르침을 달라 간청을 받았던 것입니다. 저는 처음엔 바쁘다는 핑계로 거절했지만 너무도 뜨거운 그들의 열의에 압도돼 결국 그 제의를 받아들였습니다.

모임은 술자리에서 몇몇과 이야기를 주고받는 방식으로 시작했습니다. 그런데 이후 소문이 퍼지더니 참가 희망자들이 줄을 이었습니다. 조직적으로 운영해보자는 목소리가 높아졌고 모임은 점점 확대돼 전국 각지에 세이와주쿠를 만들기에 이르렀습니다.

제 몸 하나 건사하기 힘든 세상이건만 경영자는 많은 직원들을 책임져야 하는 위치에 있습니다. 이러한 막중한 책임을 지고 있는 경영자들이 서로 마음을 열어 고민을 토로하고 위로하며, 또 깊이 연구하는 학문의 장으로서 세이와주쿠는 그 활동의 폭을 넓혀갔습니다. 저는 학생들이 훌륭한 경영자로 성장해주기를 바라는 한결같은 마음으로 이 활동에 많은 시간을 쏟아왔습니다. 이 모임을 시작한 뒤로 30년이 지났는데 지금은 전국 56개 교를 운영 중이고 미국, 브라질, 중국에까지 진출해 있습니다.

저는 세이와주쿠에서 경영의 기본인 경영철학에 대해 강의하는 동시에 '경영문답'이라 불리는 경영 지도를 실시하고 있습니다. 경영문답은 학생들이 실제로 직면해 있는 경영상 문제를 발표하게 한 뒤 그 문제에 대해 제가 심혈을 기울여 조언하는 시간입니다.

이러한 경험을 살려 경영상 문제로 고민하는 분들에게 조금이나마 도움이 될까 싶어 이 책을 펴내게 됐습니다. 실적 저하의 원인을 경제 상황 등 외부 환경으로 돌리는 경영자들이 많습니다. 하지만 그럴 때일수록 가장 필요한 것은 무엇보다 위기를 극복하고자 하는 강한 의지와 용기입니다. 저는 사업을 하시는 분들과 기업을 이끄는 리더들이 경영을 막 시작했을 때의 열정과 자신감을 되찾는다면 그러한 위기를 반드시 극복하리라 믿습니다.

아무쪼록 이 책이 경영에 관심을 가지고 있는 여러분들에게 도움이 되기를 진심으로 기원합니다.

이나모리 가즈오

| 차례 |

## 3 파트너십이 중요하다



## 4 인재를 키워라

들어가며

# 어떻게 고수의 회사를 만드는가

저는 회사를 경영하면서 최고경영자가 가진 경영이념과 철학에 따라 회사의 경영이 크게 좌우된다는 걸 실감해 왔습니다. 회사는 누구든지 공감할 수 있는 차원의 뚜렷한 목적과 대의명분을 가지고 있어야 합니다.

이 점을 깨달은 것은 교세라를 창업했을 때였습니다. 제가 대학을 졸업한 1955년은 취업난이 매우 심해서 특히 저 같은 지방대학 출신이 취직 자리를 찾는 것은 아주 어려운 일이었습니다. 대학 은사의 소개로 겨우 취직한 곳은 쇼후(松風)공업이었습니다. 이 회사는 도산 직전의 상황이었지만 달리 취직할 곳이 없던 저로선 기쁜 마음으로 입사의 발걸음을 내딛게 됐습니다.

저는 그 회사에서 새로운 연구 분야인 파인세라믹스의 개발을 맡아 먹고 자는 것도 잊고 연구에 몰두했습니다. 그 결과 연구를 시작한 지 1년 후 일본 최초로 고주파 절연부품에 사용하는 새로운 세라믹 재료의 합성에 성공했습니다. 운이 좋게도 제가 개발한 세라믹 재료는 마쓰시타전자공업의 티브이 브라운관 절연부품으로 채택됐습니다. 때마침 티브이가 급속하게 보급되던 시대였기 때문에 저는 제품을 양산하고 납품하는 데 정신없이 몰두했고 회사의 실적 향상에 크게 공헌할 수 있었습니다.

그러나 입사한 지 3년이 지났을 때 새로 부임한 기술부장과의 신제품 개발로 불거진 문제로 회사를 그만두게 됐습니다. 앞으로 어떻게 해야 좋을지 막막하던 차에 옛 상사였던 분이 '자네의 기술을 살릴 수 있는 회사'를 만들어 보라며 자신의 대학 동창들과 모은 3백만 엔을 투자해줬습니다. 그 출자자 중 한 사람인 니시에다 이치에 씨는 자신의 집터를 담보로 천만 엔을 마련해주기도 했습니다. 또 사직한 회사의 동료 7명이 참여했습니다.

이렇게 교세라는 중학교를 갓 졸업한 20명을 포함한 총 직원 28명의 영세기업으로 출발했습니다.

## 회사의 궁극적인 목적을 깨닫다

제가 상사와 의견이 맞지 않아 회사를 사직했다는 점을 잘 아는 창업 당시 동료들은, 제가 연구개발에 전념할 수 있도록 힘을 실어줬습니다. 저 역시 이번에야말로 제 능력을 마음껏 발휘할 수 있으리라는 생각에 더욱 분발해야겠다고 다짐했습니다. 게다가 니시에다 씨가 자신의 집터를 담보로 빌려준 돈을 빨리 갚아줘야만 했으므로, 우리 모두는 한마음으로 밤낮을 가리지 않고 필사적으로 일했습니다. 그리하여 결국 첫 해부터 흑자를 낼 수 있었습니다.

그런데 비로소 사업이 궤도에 올랐다고 생각한 순간 예상치 못한 일이 벌어졌습니다. 창업 2년째에 입사한 직원 11명이 돌연 단체교섭을 신청해온 것입니다. 그들은 혈서까지 만들어 앞으로의 급여 인상과 상여금에 대한 보장을 요구했고, 요구가 받아들여지지 않으면 회사를 그만두겠다고 압박해왔습니다.

"알다시피 창업한 지 얼마 되지 않은 회사입니다. 지금은 필사적으로 일해 겨우 회사를 꾸리고 있는 상황이니, 조금만 기다려주세요. 모든 직원이 입사하길 정말 잘했다고 생각하는 회사로 만들기 위해 앞으로 최선을 다하겠습니다."

이렇게 말했음에도 불구하고 저를 신용할 수 없다는 그들을, 저는 사흘 밤낮을 설득했습니다. 결국에는 "저를 믿고 따라와주세요. 만일 제가 여러분을 배신하는 일이 생긴다면 그때는 저를 죽여도 좋습니다"라고까지 말했습니다. 그제야 그들은 비로소 납득했고 회사에 남았습니다.

문제는 그렇게 해결이 됐으나 그때 저는 큰 짐을 짊어진 것 같았습니다. 저는 회사를 '나의 기술을 세상에 알리는 무대'라 생각한 반면 직원들은 회사가 자신들의 생활을 보장해주기를 기대한다는 걸 알게 됐기 때문입니다.

제 가족은 공습으로 집을 잃고 전쟁이 끝난 후 빈곤으로 생활고를 겪었습니다. 저는 대학까지 나왔음에도 아직 형제들을 충분히 돌볼 수 있는 형편이 안 됐습니다. 그럼에도 제가 회사를 시작했다는 이유로 직원의 생활까지 돌봐야 한다는 것입니다. 정말 못 해먹겠다는 생각이 절로 들었습니다.

회사의 목적은 과연 무엇일까. 저는 다시 생각해보지 않을 수 없었습니다. 얼마 동안 고민을 계속한 끝에 저는 회사의 궁극적인 목적은 기술자인 자신의 꿈을 실현하는 것보다는 직원들과 또 그들의 가족을 지켜주기 위한 데 있다는 걸 깨달았습니다.

그때부터 저는 교세라의 경영이념을 '전 직원의 행복을 추구함과 동시에 인류 및 사회의 진보와 발전에 공헌한다'로 정했습니다. 이렇게 경영이념을 명확히 세우자 저는 어떠한 일에도 망설이는 일이 없게 됐고 모두를 위해 어떠한 고통도 마다하지 않겠다는 새로운 결의를 품게 됐습니다.

"당신을 포함한 전 직원의 행복을 위해 회사가 존재하는 것입니다. 모두가 최선을 다해 일하지 않으면 안 됩니다."

저는 적당히 일하려는 직원을 보면 이렇게 꾸짖었습니다. 모든 직원의 행복 추구라는 목적이 있기에 저는 직원들에게 당당히 리더십을 발휘할 수 있었던 것입니다. 모두가 그것이 실현되기를 진정으로 바라는 목적이 존재한다면 전 직원의 힘을 하나로 뭉치게 할 수 있습니다.

다시 강조하지만, 인간이 몸과 마음을 바쳐 전념하기 위해서는 반드시 목적이 필요합니다. 저와 직원들이 추구한 목적은 개인의 이익이 아니라 세상과 사람을 위한 공공의 이익이었습니다. 당시의 교세라는 자금도, 기술도 없었습니다. 그러나 대의명분이 담긴 뚜렷한 목적을 내세운 덕분에 모든 직원의 마음이 하나로 모일 수 있었습니다. 바로 이것이 교세라를 크게 발전시킬 수 있었던 주요 원동력이라 생각합니다.

## 왜 이 사업을 하는가

목적이 중요하다는 생각을 한층 굳건하게 만든 계기는 바로 1984년 제2전신전화주식회사(이하 제2전전, 第2電電)의 창업이었습니다. 당시는 일본경제가 전기통신사업의 자유화라는 거대한 전환기를 맞은 시기였습니다. 저는 그전부터 일본의 장거리 전화요금 수준이 지나치게 높아 국민에게 부담을 주고 일본경제의 건전한 발전을 가로막고 있다 생각하고 있었습니다. 대기업이 나서서 전화요금을 내려줬으면 하고 기대했지만 당시 통신사업을 독점하던 일본전신전화(NTT)를 적으로 돌리는 일은 너무 리스크가 컸기 때문에 누구도 선뜻 나서지 않았습니다. 참을 수 없게 된 저는 당시 영세 전자부품 회사 사장이라는 처지도 망각한 채 전기통신사업으로의 진출을 진지하게 생각하게 됐습니다. 그러나 거대한 프로젝트인 만큼 결코 안이한 마음으로 착수할 수는 없었습니다.

'내가 이 사업을 시작하려는 동기가 정말 많은 사람들을 위한다는 순수한 마음일까. 한 치의 사심은 없는 걸까.'

이렇게 제 자신에게 몇 번이고 묻고 또 물었습니다. 그렇게 해서 결국 '나의 동기는 세상과 사람을 위한 것으로 한 점 거리낌이 없다' 라고 확신하게 됐습니다. 그러자 아무리 어려운 사업일지라도 반드시 달성하고야 말겠다는 용기가 솟아올랐습니다. 마침내 제2전전을 창업하기로 결심하게 된 것입니다.

그러나 처음엔 누구도 나서려 하지 않던 이 프로젝트에 교세라가 뛰어들자 국철과 일본도로공단, 도요타 계열의 두 회사가 연이어 뛰어들었습니다. 결국 3사 경합으로 출발하게 됐는데, 이 3사 중에서도 교세라를 모체로 한 제2전전은 통신 인프라와 축적된 기술이 없다는 점에서 압도적으로 불리하다는 게 전반적인 평판이었습니다. 그것은 너무도 당연했습니다.

## 목적의식과 명분, 그리고 패기

하지만 불리한 조건에서 출발한 제2전전은 3사 중에서

선두를 계속 달려 현재의 KDDI로 발전했습니다. 불리한 조건을 딛고서 어떻게 제2전전이 통신업계의 선두를 달리게 됐는가, 누군가 묻는다면 저는 이렇게 답하겠습니다. 그것은 바로 저와 제2전전 직원들이 세상에 도움이 되는 일을 하자는 대의명분과 목적을 가지고 최선을 다했기 때문입니다.

"지금 우리는 통신사업의 자유화를 이끌 역사적인 전환기에 서 있습니다. 오직 한 번뿐인 인생, 모두들 의미 있게 살아보고 싶지 않습니까? 이 기회에 장거리 전화 요금을 조금이라도 낮춰봅시다!"

창업 당시 저는 이렇게 직원들에게 호소했습니다. 직원들은 저의 이러한 패기에 감동해 이를 악물고 노력했습니다. 대리점들도 우리를 적극적으로 지지해줬고 또한 고객들도 따뜻한 응원의 목소리를 보내줬습니다. 이렇게 순수한 마음을 가진 여러 사람들이 후원해준 덕분에 결국 사업을 성공으로 이끌 수 있었다고 생각합니다.

그 후 제2전전은 국제 전신 전화 회사인 KDD, 휴대전화 회사인 IDO와 힘을 합쳐 현재의 KDDI라는 새로운 통신회사가 됐습니다. 제2전전의 창업 정신은 그대로 KDDI로 계승돼 오늘날까지 원동력이 되고 있습니다. 모두가 열세라고 예상한 제2전전이 신규 진입한 통신사업자들 가운데 선두를 계속 달렸고, 창업한 지 20년 만에 매출이 3조 엔에 이르는 큰 회사가 된 것입니다.

이처럼 회사를 경영하려면 뚜렷한 목적과 대의명분이 필요합니다. 회사는 무엇을 위해 존재하는가, 즉 회사의 목적은 무엇인가를 경영자는 진지하게 고민해봐야 합니다. 경영자가 목적을 정한 뒤에는, 그것을 바탕으로 구체적으로 세운 목표들을 실제로 적용해갈 수 있는지에 따라 기업의 성패가 달라집니다. 또한 경영자는 그러한 회사의 목적과 대의명분에 대해 모든 직원에게 설명하고 이해와 협력을 구해야 합니다. 경영자 자신이 이를 실현하고자 솔선수범하는 것이 바로 진정한 리더십이며 회사를 발전시키는 원동력인 것입니다.

1

# 체질을 바꿔라

회사가 통상 필요로 하는 이익률이 어느 정도인가라는 문제는 지금까지 별로 논의되지 않았습니다. 이익률이야 높으면 높을수록 좋겠지요. 그런데 고수익이란 어느 정도의 이익률을 말하는가에 대해 현재까지 누구도 명확한 답을 가지고 있지 않은 것 같습니다.

누군가는 업종에 따라 이익률에 격차가 발생한다고 말합니다. 이를테면 게임소프트웨어 회사는 일반적으로 고수익을 올린다 하는 것이지요. 그러나 게임이 크게 히트했을 때는 이익률이 매우 높아지지만, 그렇지 못하면 당연히 이익률이 떨어지게 됩니다. 따라서 게임소프트웨어 회사라 해서 무조건 이익률이 높다 말할 수 없습니다. 업종에 따라 일률적으로 이익률이 높거나 낮다고 평가할 수 없는 것입니다.

교세라의 경우 창업 첫해에는 매출액 대비 세전이익률이 약 10퍼센트였습니다. 당시 제조업 분야 대기업들이 한 자릿수의 세전이익률을 낸 것에 비하면 만족스런 성과였습니다. 그렇지만 치열한 경영 환경을 고려한다면 그것만으론 안정적인 경영이 힘들다는 판단이 섰습니다. 그래서 제조업의 이익률은 과연 어느 정도 돼야 하는지에 대해 고민하게 됐습니다.

그래서 주목한 것이 은행 금리였습니다. 당시 가깝게 지내던 한 은행 지점장에게 제가 이렇게 물은 적이 있습니다. "은행은 벌이가 되는 장사지요. 편안히 돈을 벌어들이지 않습니까?" 보통이면 "그렇지 않습니다"라고 대답할 만도 한데 그 지점장은 솔직하고 소탈한 사람이라 "그렇습니다. 이나모리 씨도 그렇게 생각하십니까?"라고 대답하는 것이었습니다.

"그렇게 생각합니다. 정말이지 허가만 받으면 당장 은행을 차리고 싶을 정도입니다."

당시 은행은 마치 그물을 던지듯 돈을 풀어놓고 1년에 한 번 줄을 끌어당기면 5퍼센트가 넘는 금리가 딸려

오는 상황이었습니다. 빌려준 돈은 가만히 있어도 금리를 벌어다줬습니다. 반면 제조업은 사람, 물건, 돈을 총동원해 아침부터 저녁까지 땀 흘리며 일해야 겨우 수익을 낼 수 있는 형편이었지요.

물론 은행이 아무 일도 하지 않는다는 말은 아닙니다. 돈을 회수하지 못하면 손실을 보기 때문에 빌려줄 때 꼼꼼히 심사해야 합니다. 그 외에도 여러 가지 고충이 있을 것입니다. 하지만 그렇다 해도 제조업 회사가 필사적으로 일하는데 금리 수준의 이익률밖에 올리지 못한다는 것은 너무 한심한 일이라 생각했습니다. 그래서 저희 회사는 적어도 금리의 2배, 즉 10퍼센트 이상의 이익률은 끌어내야 한다고 생각하게 됐습니다.

공정한 시장경쟁체제에서는 가격이 시장에서 결정됩니다. 수많은 동업자와 치열한 경쟁을 하기 때문에 독점적인 사업이 아니라면 자기 멋대로 높은 가격을 매기는 것은 불가능합니다. 따라서 같은 상품을 시장가격으로 판매해 고수익을 올리려면 철저하게 비용을 끌어내리는 수밖에 없습니다. 그러기 위해서는 높은 이익률을 추구하면서 최선을 다해 노력해야만 합니다.

'사업을 경영하는 이상 최저 10퍼센트의 이익률을 올리지 못한다면 경영이라 할 수 없다. 고수익이라 말할 수 있으려면 적어도 15~20퍼센트의 이익률은 올려야 한다.'

다소 지나친 생각일지 모르지만, 저는 늘 이렇게 생각하면서 직원들이 고수익을 올릴 수 있도록 독려했습니다.

그럼 다른 업종은 어떨까요? 이를테면 유통업의 경우 상품을 매입해 팔기 때문에 판매가에서 매입가를 뺀 매출 정도에 따라 이익이 달라집니다. 가전제품과 같이 일반 소비자를 대상으로 한 상품이라면 광고비 그리고 재고도 따져야 합니다. 결국 적어도 30퍼센트 이상의 마진이 필요한 것이지요. 그렇다면 인건비를 포함한 판매 관리비를 20퍼센트 이하로 낮추면 10퍼센트 이상의 이익률을 올리는 것이 가능합니다.

이와 같이 어떠한 사업이라도 판매 방법에 대해 연구하고 최선을 다해 노력하면 10퍼센트 이상의 이익률을 올릴 수 있습니다. 사업을 통해 얻는 이익은 땀 흘려가며 노력한 사람의 지혜와 노동의 결실입니다. 설령 20퍼센트를 넘는 이익률을 올렸다 하더라도 결코 부당한 것이 아닙니다. 실제로 다른 나라의 우량기업들 중엔 이 정도의 이익률을 내는 곳이 적지 않습니다. 공정한 경쟁 속에서 고수익을 올리는 것은 결코 비난받을 일이 아닙니다.

## 매출은 최대로, 경비는 최소로

그렇다면 고수익을 올리기 위해 어떠한 원칙을 바탕으로 회사를 경영해야 할까요. 저는 '매출은 최대로, 경비는 최소로!'라는 아주 간단한 원칙을 되새기며 고수익을 실현해왔습니다.

교세라를 창업한 지 얼마 되지 않았을 무렵 저는 경영에 대한 경험과 지식이 없는 상태였습니다. 그래서 경리 실무는 경리부장이 모두 맡아줬습니다. 월말이 되면 그 사람을 붙잡고 "이달의 수지는 어떻습니까?"라고 묻곤 했는데 그의 대답에는 전문용어가 많아 기술자 출신인 저로선 이해하기 힘들었습니다. 그래서 저는 문제를 단순하게 파악하고자 이런 결론을 내렸습니다.

'매출에서 경비를 뺀 잔액이 이익이라면 매출은 최대로, 경비는 최소로 하자. 그러면 결과적으로 이익도 늘어날 것이다.'

이후, 매출은 최대로 하고 경비는 최소로 할 것을 경영 원칙으로 삼아왔습니다. 이러한 경영 원칙은 교세라가 고수익 기업으로 성장하는 데 큰 도움을 줬습니다. 상식적으로 매출을 늘리면 경비도 그에 따라서 늘게 되는 것으로 생각하기 쉽습니다. 하지만 고수익을 올리기 위해서는 그러한 상식에 구애받지 말고 매출을 최대로 하고 경비를 최소로 하기 위한 창의적인 연구를 철저히 해야 합니다.

이를테면 어떤 공장의 현재 매출이 백만 엔이고 그에 맞는 인력과 설비를 갖추고 있다 합시다. 만약 수주가 50퍼센트 늘어나면 어떤 경영자는 50퍼센트의 인원과 설비를 더 늘려 1백5십만 엔어치의 생산을 처리하려 할지도 모릅니다. 그러나 이러한 단순한 경영으로는 수익을 높일 수 없습니다.

수주가 50퍼센트 늘어나도 생산성을 높이면 인력과 설비를 20~30퍼센트 확충하는 것만으로 충분합니다. 또한 매출이 크게 떨어지는 사태가 벌어진다면 경비를 철저히 낮춤으로써 수익의 감소를 최소한으로 막을 수 있습니다. 그렇게 함으로써 고수익을 실현하고 유지할 수 있는 것입니다.

또한 매출을 최대로 올리는 데엔 가격도 중요합니다. 판매가가 너무 높으면 산더미처럼 재고가 늘고, 큰맘 먹고 판매가를 대폭 낮추면 비록 상품은 잘 팔리겠지만 이익이 남지 않아 타산이 맞지 않습니다. 장사의 비결은 고객들이 납득할 만한 가격, 그러니까 기꺼이 사려고 하는 최상의 가격을 찾아내는 것입니다. 저는 이 가격 책정이 사업의 운명을 결정하는 중대한 판단이며 최종적으로는 경영자가 판단해야 하는 것이라 '가격 책정은 경영' 이라고 강조해왔습니다.

획기적인 신제품의 경우라면 동종업자와의 경쟁이 없기 때문에 가격을 직접 정할 수 있습니다. 경영자가 신중히 지혜를 짜내 가격을 결정할 필요가 있습니다. 이러한 경우 가격 책정의 판단 기준이 되는 것은 고객들이 느끼는 신상품의 가치입니다. 즉 고객들이 그 가격에 살 만한 충분한 가치가 있다고 인정한다면 비용의 크고 작음과는 상관없이 그 가격에 판매할 수 있습니다. 그리하여 이처럼 높은 부가가치를 가진 독창적인 신상품을 만들어내고 그 상품 가치에 걸맞는 가격으로 판매한다면 고수익을 실현할 수 있을 것입니다.

# 먼저 기반을 다져라

**수익성을 높여 기반을 다지는 게 먼저다.
채산관리는 철저히, 그리고 수익성을 따져가며 투자해야 함을 잊어서는 안 된다.**

저는 증조부 대부터 인쇄업을 경영하고 있으며 취급 품목은 회사홍보지, 전단지 등의 상업 인쇄물이 50퍼센트, 전표 등의 사무용 인쇄물이 25퍼센트를 차지하고 있습니다. 저희 회사가 위치하는 지역에는 경쟁업체가 7곳이 있는데 매출 면에서 저희 회사가 약 50퍼센트의 점유율을 점하고 있습니다. 1년 매출은 약 4억 엔이지만 저가 경쟁 탓에 타산을 맞추기가 굉장히 어려운 상황입니다. 현재 자본금은 천만 엔, 정직원과 비정규직을 포함해 총

40명의 직원이 일하고 있습니다.

경쟁이 치열한 인쇄업계에서 독자적인 강점을 만들어가려면 어떻게 해야 좋을지, 또 저희 회사가 지향해나가야 할 방향에 대해 질문하고자 합니다. 우선 저희 회사가 강점을 가지고 있는 분야에 대해 설명하겠습니다. 첫 번째, '속도가 최우선'이라는 기업 신조가 전 직원의 몸에 배어 있다는 점입니다. 두 번째, 1972년부터 구인광고지의 발행을 시작해 광고주와 긴밀한 관계를 유지해온 덕분에 안정적인 수주와 더불어 자사의 지명도를 향상시킬 수 있었다는 점입니다. 현재 매주 30만 부를 발행하고 있습니다. 세 번째, 컴퓨터를 활용해 광고지를 싸고 신속하게 만들 수 있는 저희만의 제작 노하우를 갖고 있다는 점입니다.

반면 약점으로는 본거지를 넘어 인접 대도시 지역을 공략하고 있으나 좀처럼 쉽지 않다는 점입니다. 대도시에서의 인지도가 낮은데다 그 지역의 업자는 최신식 기계를 갖추고 있고 디자인 역량과 기획력이 우수해 저희가 좀처럼 점유율을 높이지 못하고 있습니다.

저는 저희 회사를 규슈 제일의 인쇄회사, 그리고 젊고 우수한 직원들이 신나게 일할 수 있는 회사로 만들고 지금까지 성원해준 지역사회에 공헌하고 싶습니다. 이를 위해선 경쟁이 치열한 환경에서 저희 회사의 독자적인 강점을 구축해 타사와의 차별화를 시도할 필요가 있다고 생각합니다. 또 그렇게 하지 않으면 앞으로 살아남기 힘들 것이라 생각합니다. 그래서 저희 회사가 지향해야 할 방향을 다음의 여섯 가지로 정했습니다.

1. 본거지(규슈)에서의 점유율 유지와 확대
2. 인접 대도시에서의 광고주 확보
3. '속도가 최우선' 이라는 기업 신조 이행
4. 기획력의 강화
5. 생산력의 강화
6. 신사옥 건설

경쟁에서 살아남기 위해서는 생산력이 기획력을 뒷받침할 수 있어야 한다고 생각합니다. 하드웨어 부문의 뒷받침이 있어야 비로소 기획력이 살아날 수 있습니다. 이를 위해서는 인쇄기의 교체가 필요합니다. 저희 회사의 설비는 10년 전에 들여온 것이라 능률이 떨어져 현재의 가격 전쟁에서 이길 수가 없습니다. 계산을 해보니 시설 투자에 약 1억 3천만 엔이 들 전망입니다.

또 저희 회사를 규슈의 문화를 알리는 홍보 거점으로 삼고자 신사옥을 건설하려 합니다. 그래서 지금의 협소한 공장을 이전하고 신사옥을 지을 계획입니다. 신사옥의 한 층은 지역 주민들의 문화 공간으로 활용할 것입니다. 이를 통해 회사를 성원해준 저희 지역의 문화를 외부에 알리고 싶습니다. 신사옥 건설 자금은 약 2억 8천만 엔이 필요합니다. 현재의 차입금과 인쇄기 교체 비용을 여기에 더하면 약 5억 엔입니다. 그래서 우선 인쇄기를 교체하고 5년 안에 차입금을 갚은 뒤, 신사옥을 건설하는 순서로 단계적으로 계획을 실행해나가고자 합니다.

다소 의욕이 앞선 계획일 수도 있는데 이것이 과연 옳은 방향인지 고민이 많습니다. 회사의 강점을 확대하기 위한 과감한 투자는 과연 옳은 것일까요?

## 이익을 내는 것이 관건이다

증조부 대에 시작한 인쇄업을 더욱 키워나가고 싶다는 바람과 이를 위해 나아가야 할 여섯 가지 방향에 대해 밝히셨습니다.

우선, 규슈에서의 점유율 유지와 확대는 바람직하다고 생각합니다. 일곱 곳이나 되는 경쟁사가 있는 지역에서 50퍼센트의 점유율을 유지하고 있음에도 더욱 점유율을 높이고자 노력하는 것은 매우 좋은 자세입니다.

두 번째, 높은 수준의 기획력과 디자인 역량을 바탕으로 대도시에서의 인지도를 높여나가겠다는 생각도 훌륭합니다. 그리고 세 번째, '속도가 최우선'을 모토로 업무에 임하는 태도 또한 좋습니다. 이를 통해 관련 상담에 신속히 대응할 수 있으므로 지속적으로 고객들에게 긍정적인 회사 이미지를 심어줄 것입니다. 네 번째, '기획력의 강화' 역시 마찬가지입니다.

그리고 다섯 번째, 기획력 등이 향상되면 그것을 뒷받침할 수 있는 생산력이 필요하기 때문에 낡은 인쇄기를 최신식 기계로 교체하고 싶다 밝히셨는데, 저는 여기에는 주의가 필요하다고 생각합니다. 신규 설비 투자의 총액이 1억 3천만 엔이라 하셨는데 인쇄기의 상각기간을 10년이라 봐도 1년에 1천3백만 엔의 감가상각비가 발생합니다. 매출이 4억 엔이라 하셨으므로 경상이익률이 5퍼센트라면 이익이 2천만 엔 정도가 됩니다. 그 정도 액수라면 감가상각비가 연간 1천3백만 엔이라도 7백만 엔의 이익을 남길 수 있습니다. 하지만 똑같은 설비를 5년간 상각하면 감가상각비가 매년 2천6백만 엔으로 증가해 경상이익률이 5퍼센트라면 적자를 내고 맙니다.

경쟁력을 높이기 위해 무슨 일이 있어도 1억 3천만 엔어치의 설비를 들이고 싶다면, 10년이라는 장기간의 감가상각을 따지고 매년 적어도 매출액 대비 5퍼센트의 경상이익을 내는 것이 지상과제입니다. 그렇게 할 수만 있다면 적자를 내는 일 없이 회사를 원활히 경영할 수 있습니다.

## 가격 책정은 곧 경영이다

지나친 말인지도 모르지만 귀하의 회사는 수익성 향상에 대한 연구가 부족한 게 아닌가라는 생각이 듭니다. 높은 점유율을 차지하고 있는데다 고객의 요구에 신속하게 대처하고 있으며 유연하고 경쟁력 있는 가격으로 제품을 공급해 고객들로부터 사랑을 받고 있습니다. 하지만 이 때문에 박리다매의 함정에 빠져 있는 것은 아닌가라는 생각이 듭니다.

저는 세이와주쿠에서 '가격 책정은 경영' 이라는 말을 자주 합니다. 이것은 매우 중요한 문제입니다. 가격은 너무 높아도 안 팔리고 너무 낮아도 이익이 남지 않게 됩니다. 그러므로 고객이 받아들일 수 있는 범위 안에서 최대의 가격으로 책정해야 합니다. 고객이 충분히 납득해 기꺼이 살 수 있는 최대의 가격을 넘어버리면 고객들은 그 제품을 외면할 것입니다.

따라서 가격 책정은 신중함을 요하는 경영의 가장 중요한 요소이자 최고경영자가 심혈을 기울여 결정해야 할 문제입니다.

경쟁사들의 제품 가격을 충분히 조사한 후 고객의 입장에서 과연 어느 정도의 가격이 만족할 만한 최대 가격인가를 고민해봐야 합니다. 미세한 가격 차이로 경상이익의 3~4퍼센트는 금세 달라질 수 있습니다.

홍보지를 비롯한 모든 인쇄물은 앞으로 컴퓨터 출판 기술을 활용해 낮은 비용으로 신속하게 제작할 수 있을 것입니다. 하지만 그렇게 만든 제품을 단순히 싸게 판매하는 것이 아니라 영업부서 등과 협의해 가격을 조정하는 것이 중요합니다.

'최신식 설비를 도입하면 연간 1천3백만 엔의 감가상각비가 든다. 설비 투자를 상각하지 않을 수는 없으므로 어떻게든 매출액 대비 5퍼센트가량, 즉 2천만 엔 이상의 경상이익을 올려야 한다. 따라서 매출액에서 경비를 뺀 이익을 5퍼센트 이상 확보하려면 최소한 이 정도 마진을 낼 수 있는 가격을 책정한다.'

1억 3천만 엔의 설비를 투입해 충분한 경쟁력을 갖추고 싶다면 이러한 점을 반드시 감안해야 합니다. 채산

관리는 경영에 있어 매우 중요한 일입니다. 수익성을 따져가며 철저히 관리하겠다는 각오가 있다면 인쇄기에 대한 설비 투자를 해도 좋습니다.

## 사옥보다 상품에 신경 써라

마지막으로 여섯 번째, 신사옥 건설입니다. 귀하는 5년 후 신사옥을 지어 회사를 지역 문화의 홍보 거점으로 만들어가고 싶다 하셨는데 이 계획은 일단 보류하십시오. 본 사업이 아직 충분히 자리 잡지 못한 상황에서 그런 일을 벌이면 어느 쪽도 제대로 할 수 없습니다. 신사옥에 2억 8천만 엔을 들여 연간 매출을 뛰어넘는 총액 5억 엔이나 되는 부채를 떠안으려는 것은 말도 안 되는 일입니다. 사옥은 허름해도 상관없습니다. 건물의 외관은 좋지 않아도 인쇄기만 좋으면 사업에 아무런 지장이 없습니다.

교세라는 창업 후 39년이 지나 연 매출이 7천억 엔을 넘고서야 비로소 제대로 된 사옥을 지었습니다. 제조회사라 공장에는 투자를 해도 그때까지 본사에는 돈을 들이지 않았던 것이지요. 현재 시점에서 신사옥 건설 계획은 보류하는 것이 좋겠습니다.

# 현장에 정통하라

**당신은 현장을 얼마나 알고 있는가?**
**이익을 높이려면 채산 단위를 세분화하고 업무를 세부적으로 파악해야 한다. 그러려면 현장에 깊숙이 들어가라.**

저희 회사는 주로 건물 유지 및 보수 일을 하며 연간 매출액은 5억 엔 정도입니다. 사업 중에 유지 및 보수가 80~90퍼센트를 점하고 있으며 그 외 컴퓨터 시스템 개발이 나머지 10~20퍼센트를 차지합니다. 수익성 면에서는 이익률이 3퍼센트 정도의 낮은 수준을 왔다 갔다 하고 있습니다.

저는 나름대로 회사의 이익률이 낮은 원인을 분석해봤습니다. 그 결과 직원들이 제가 지시하는 것 외엔 하지 않으려는, 즉 수동적인 업무 태도 때문이라는 걸 깨달았습니다. 이에 저는 모든 직원들이 적극적으로 업무에 임할 수 있도록 회사의 사업을 청소, 설비공사, 컴퓨터 시스템, 설비관리의 네 부문으로 나눴습니다. 또한 연초에 각 부문이 저마다 계획을 세우도록 하고, 연말에 실적을 평가해 성과급을 인상하거나 삭감하는 방법을 취하게 됐습니다.

이렇게 제 나름대로 회사의 활성화를 도모해오고 있으나 회사의 모든 정책 목표가 명확히 결정되지는 않은 상황입니다. 영업력을 강화해야 한다든가, 건물의 증개축 시 설비 컨설팅을 펼친다든가, 직원들이 자신이 세운 목표를 객관적으로 평가할 수 있는 매뉴얼을 만들자든가……. 이것도 해야지, 저것도 해야지 하는 생각만 앞서고 맙니다. 결국 모두 제대로 실행되지 못한 채 실패로 끝났고, 이제 저는 무엇을 우선순위에 두고 실행해야 할지 혼란스러운 상태입니다.

회사 이익률이 저조한 이유가 경영자로서의 제 자신의 마음가짐 문제 때문인지, 또는 경영 방식이 잘못됐는지 잘 모르겠습니다. 직원들에게 질문을 받아도 대답이 막히다 보니 자신감조차 잃었습니다. 참고로 지금 하고 있는 사업은 선대로부터 물려받은 것이지 제가 하고 싶어서 시작한 일은 아닙니다. 누구에게도 지지 않을 만큼 노력하라는 말을 들어도 사실 나약한 마음이 드는 것이 제 솔직한 마음입니다. 이익을 높이기 위해 가장 먼저 해야 할 일은 무엇인가요?

## 채산 단위를 세분화하라

비록 제가 전문가는 아니지만 개인적으로 건물 유지 및 보수 사업은 매력적인 사업이라 생각합니다. 건물 청소 및 공조, 동력 관련 업무 등 다양한 기계의 유지와 보수 전반을 책임지는 사업이라, 이와 관련된 전문성을 갖춘 직원만 있으면 얼마든지 다양한 방식으로 사업을 전개해나갈 수 있기 때문입니다. 이렇게 좋은 사업을 아버님께 물려받았는데도 자신이 하고 싶은 일은 아니라는 식의 말을 해서는 곤란합니다.

왜 경영이 잘되지 않을까. 그것은 귀하 자신이 건물 유지 및 보수 사업을 잘 이해하고 있지 못하기 때문입니다. 아버님 일을 물려받아 그저 막연한 생각으로 경영을 계속하고 있기 때문에 그렇게 됐을 것이라 생각합니다.

우선 현장을 정확하게 파악하는 것이 필요합니다. 지금 사업을 청소 부문, 설비관리 부문 등으로 크게 나누고 있다 하셨는데 아마 각 건물 단위로 채산을 관리하고 있지는 않을 것입니다. 그렇게 하면 주먹구구식이 될 수밖에 없습니다. 제가 만약 이 사업을 시작한다면 채산 단위를 세분화하고 경영의 실태를 세부적으로 파악하려 할 것입니다.

이를테면 건물의 설비관리라면 건물 지하에 있는 컨트롤 타워에서 공조와 보일러의 운전을 감시하는 업무가 있을 것인데, 이것을 하나의 채산 단위로 하는 것이지요. 또 같은 건물에서 야간 청소를 담당하면 이것도 하나의 채산 단위로 분리합니다. 이런 식으로 건물에 대한 업무를 세부적으로 나눠 관리하다 보면 어느 건물의 어떤 부문이 수익을 내고 있는지, 또 적자를 내고 있는지가 명확해질 것입니다. 그리고 채산을 높이기 위해 어떤 방법을 취해야 할지 알 수 있게 됩니다. 즉 각 건물, 각 부문을 독립적인 채산 단위로 관리함으로써 각각의 채산을 향상시킬 수 있다는 것입니다.

채산이 향상돼 각각의 부문에서 이익이 나게 되면 다른 건물에서도 같은 주문을 받아옵니다. 그러면 매출이 점점 늘어나므로 경영이 훨씬 즐거워질 것입니다.

## 실적을 임금에 반영해선 안 된다

다음으로 임금제도에 대해 말씀드리겠습니다. 교세라는 귀하가 말한 것처럼 부문별 실적을 고려해 성과급을 인상하거나, 삭감하는 방식을 적용하고 있지 않습니다. 세이와주쿠에서도 절대 해서는 안 될 일이라 분명히 가르치고 있습니다.

왜냐면 사람들은 보통 실적이 좋아서 성과급이 오를

때는 기뻐하지만 실적이 나빠서 성과급이 깎이면 의욕을 잃기 때문입니다. 부문별 실적을 토대로 성과급을 올리고, 깎는다는 것은 인간미가 떨어지는 방법입니다. 저조한 실적을 올리는 부문의 직원은 의욕을 상실해버리고 맙니다. 일시적으로 성과급이 올라 기뻐하는 부문의 직원도 만약 그다음에 기대 이하의 저조한 실적으로 성과급이 오르지 않으면 급격히 의욕을 상실할 것입니다.

교세라에서는 실적이 좋은 부문에는 성과급으로 보상하는 대신 회사에 공헌한 바에 대해 칭찬하는 방식을 택하고 있습니다. "여러분이 아주 잘해준 덕분에 회사 수익이 늘어 모든 직원의 성과급을 올릴 수 있었습니다"라는 식으로 정신적인 영예를 안겨주는 것이지요.

귀하는 창업 2대째이고 아직 여러 모로 배우고 있는 중이라 열심히 하는 사람에게는 반드시 그 실적에 상응하는 보상을 해줘야 된다고 생각하는 것 같습니다. 그래서 직원들이 자신이 세운 목표를 객관적으로 평가할 수 있는 매뉴얼을 만든다든가, 건물의 증개축 시 설비 컨설팅을 제공하자는가 하는 새로운 아이디어를 계속 짜내고 있겠지요. 하지만 그럴수록 화살은 점점 과녁을 벗어날 것입니다.

## 핵심 사업에 집중하라

지금은 새로운 것을 짜낼 필요가 없습니다. 귀하는 건물의 유지 및 보수, 청소 사업에 전념해야 합니다. 청소 사업이라면 "청소라면 저희에게 맡겨주십시오. 바닥이건 타일이건 그 어떤 곳보다 깨끗하게 해드리겠습니다"라고 말할 정도의 기술을 닦아 정성이 가득 담긴 서비스를 제공하십시오. 그렇게 고객들의 신뢰를 얻게 되면 분명 주문이 밀려들 것입니다.

복잡하고 어려운 일이 훌륭한 일이 아닙니다. 단순한 업무라도 일단 목표를 정해서 그것에 전념해야 합니다. 이를 위해서는 우선 귀하가 직접 현장을 파악해야 합니다. 자신이 실제로 청소를 해보고 무슨 장치와 도구를 이용해 어떻게 하면 잘할 수 있을지, 어떻게 하면 효율을 높일 수 있을지 몸으로 직접 체험하며 구상해보십시오.

귀하는 지금까지 관리직을 중심으로 업무를 맡아왔기 때문에 현장 직원들의 업무에 대해 잘 모를 것입니다. 좀 더 스마트한 경영을 하고 싶은 마음만 앞서 인사평가를 이렇게 하자든가, 매뉴얼 제작을 추진해보자라든가 따위만 궁리하고 있습니다. 사실 현실적으로 경영은 그렇게 고상한 것이 아닙니다. 진흙탕에 좀 더 가까운 것이지요. 몇 개월이라도 좋습니다. 현장에 나가십시오. 현장을 모르면서 이렇게 하라, 저렇게 하라 이르면 아무도 그 말을 듣지 않습니다. 귀하 자신이 업무에 대해 모두 꿰뚫고 있어야 비로소 핵심을 찌르는 지시를 내릴 수 있는 것입니다.

현장을 철저히 파악한 후 필요한 대책을 실행해 이익률을 10퍼센트로 올리는 데 성공한다면, 직원들도 더욱 분발할 것이고 귀하 자신도 비로소 사업하는 재미가 생길 것입니다.

이론만 앞세운 경영이 아니라 진정으로 고객들에게 사랑받고 이익을 낼 수 있는 경영을 하십시오. 저는 항상 적어도 10퍼센트의 이익은 내야 한다고 말하는데 개중에는 그래도 10퍼센트는 무리라고 말하는 분들이 있습니다. 하지만 낼 수 없다고 생각하니까 못 내는 것이지 어떻게든 이익을 내겠다고 생각하면 분명히 가능한 일입니다. 이익이 나지 않으면 일하는 직원도 경영자도 힘이 날 리 없습니다.

지금의 회사에서 10퍼센트 이익을 올리지 못하는 사람은 어떤 회사의 경영을 맡겨도 10퍼센트의 이익을 올리지 못합니다. 그 이유는 그 사람이 무리라고 지레 포기하기 때문입니다. 그러한 마음이 심리적인 장벽이 되어 10퍼센트의 이익을 내지 못하는 것입니다. '무슨 일이 있어도 해내겠다'라는 각오로 일에 집중하면, 어떻게 해야 이익을 낼 수 있을지 자연스럽게 눈에 들어올 것입니다. 그렇게 회사의 규모와 이익이 커지면 그때 더 나은 경영체제를 구축하면 됩니다.

건물 유지 및 보수라 하면 왠지 내키지 않습니까? 그래서 좀 세련돼 보이는 컴퓨터 시스템 개발에 손을 뻗치는 것 같은데 장사에는 귀천이 없습니다. 건물 유지 및 보수 사업은 충분히 고객들에게 기쁨을 주고 돈도 벌 수 있는 보람이 넘치는 일입니다. 자신의 일에 자부심을 가지고 일하면 그 일이 천직이지요. 이러한 마음가짐으로 귀하 스스로 좀 더 깊이 현장에 들어가 일을 모색하고 직원들과 함께 훌륭한 회사로 만들어보십시오.

# 핵심 역량에 집중하라

**다른 사업을 모색하기 전에 기존 사업의 이익을**
**최대한 끌어올려야 한다.**
**지혜를 발휘하면 사업은 어떤 식으로든 전개할 수 있다.**

저희 회사는 포장 재료와 물류기기 판매, 운송용역 업무, 창고 내 작업, 제판 업무 등을 하고 있습니다. 직원은 12명, 자본금은 천만 엔이고 수익은 아직 낮은 편입니다.

저희 회사는 원래 박스 제조업체인 모회사가 고령자 대책 차원에서 만든 회사입니다. 지금 모회사는 자회사가 스스로 물류 시스템을 구축해 상품을 생산하도록 유도하고 있습니다. 그래서 모회사에서 설비 관련 기술을 담당하던 제가 발탁돼 전무로 입사하게 됐고 2개월 동안 인수인계를 받은 뒤 사장으로 승격됐습니다.

지금까지 모든 업무가 모회사의 지원으로 이뤄져 왔습니다. 하지만 이제 저희 회사는 모회사가 아닌 다른 업체에도 포장 디자인이나 디스플레이 등을 제안하거나 포장 관련 물류 기기를 판매할 수 있는 가능성이 엿보입니다. 그래서 가능하면 빨리 회사의 미래를 고려해 사업 방안을 마련하려 합니다. 하지만 막상 실행하려고 보니 어떠한 순서로 계획을 추진해야 할지 그리고 직원들과 어울려 격의 없이 꿈을 이야기할 수 있는 사장이 되기 위해 어떠한 단계를 밟아야 할지 감이 잘 오지 않습니다. 모회사에 기대지 않고 자립의 길을 개척하려면 어떻게 해야 할까요?

## 수익을 더 끌어올리는 것이 급선무다

귀하가 처한 상황은 벤처기업을 시작할 때의 상황과 마찬가지입니다. 벤처기업의 경우 대개 훌륭한 기술을 보유하고 있어 야심차게 사업을 시작하려 하지만 한편으론 불안감을 가지기 마련입니다. 그래서 왠지 모르게 주저하게 되지요.

귀하는 지금까지 계속 샐러리맨으로 지내오다 모회사가 다소 꺼려하는 창고 업무 및 운송용역, 그 밖의 잡무를 처리하는 회사에 사장으로 파견됐습니다. 사장으로 임명되자마자 독자적으로 사업을 개척해 자립하는 길을 찾으라는 요구를 받았으니 꽤 부담을 느낄 만합니다.

그럼 거기서부터 시작하겠습니다. 귀하의 회사는 모회사의 하청을 받아왔습니다. 그 일이라는 게 박스를 만드는 모회사가 필요로 하는 끈이나 테이프 등의 부자재를 만드는 일입니다. 고령의 직원이라도 무난히 할 수 있는 단순하고 손쉬운 일입니다. 그래서 귀하는 지금까지 해온 업무를 바탕으로 새로운 사업을 추진하려 하고 있습니다.

지금 하고 있는 사업이 잘되지 않아 새로운 사업을 시작하고 싶지만 괜찮은 사업 아이템이 잘 떠오르지 않는다고 한숨을 내쉬는 분들이 있을 것입니다. 결론부터 말하자면 지금 질문하신 사업도 충분히 가능성이 있습니다. 사업이라는 것은 지혜를 발휘하기만 한다면 어떠한 식으로든 전개할 수 있는 것입니다.

귀하는 지금 "우리 회사는 지금까지 모회사의 하청을 받아 별 볼일 없는 일만 해왔습니다. 하지만 앞으로는 새로운 사업을 벌여나갈 것이므로 직원 여러분들도 희망을 가지고 일해주십시오"라고 말하고 싶어 합니다. 그러기 위해서는 우선 모회사로부터 하청받고 있는 업무의 장래성을 높여야 합니다. 흔하디흔한 사업인데다 이익이 잘 나지 않아 모회사도 맡기 꺼려하는 일에서 수익성을 높이는 것은 너무 힘들다고 생각할지 모르지만 그렇지 않습니다. 창의적인 문제 해결을 통해 일인당 생산성을 끌어올리면 됩니다.

지금은 일단 현재 하고 있는 업무에서 수익을 더 끌어올리는 것이 급선무입니다. 말이 쉽지 결코 쉽지 않을 것이라고 생각할지 모르지만 실제로 저는 다음과 같은 경험을 한 적이 있습니다.

## 창의적 방법으로 문제를 해결하라

교세라는 북쪽으로는 홋카이도, 남쪽으로는 가고시마까지 공장이 있습니다. 각각의 공장에서 고객에게 제품을 전달하는 운송 업무, 창고관리 업무는 여러 분야에 걸쳐 복잡하기 그지없습니다. 일단 운송은 장거리 트럭 등을 보유한 운송업자에게 맡깁니다. 고객들로부터는 이 품목은 일주일에 이만큼씩 납품하라는 등의 꼼꼼한 지시를 받습니다. 교세라가 몇 천억 엔의 매출을 올리는 와중에 이러한 발송 업무에 드는 경비가 상당한 금액에 이르렀습니다.

교세라는 영업관리 면에서 납품에 굉장히 신경을 기울입니다. 납기가 늦어지거나 하면 고객으로부터 신용을 잃기 때문에 이 업무를 중요한 업무로 인식하고 철저하게 관리해왔습니다. 이 물류 업무를, 당시의 이토 켄스케 사장은 사업부로 만들어 독립채산체로 운영하려 했습니다. 그래서 누가 회사의 물류 업무를 해보겠느냐고 사내 공모를 실시했는데 한 공장장이 나섰습니다.

이렇게 물류사업부가 생겼다 해도 금방 운송회사가 만들어지는 것은 아닙니다. 제품의 운반은 예전처럼 외부의 운송회사에 맡기는데 각 사업부에서는 지금까지와 같은 위탁료밖에 받지 못하므로 종래의 가격으로 발주하면 이익이 나지 않습니다. 그래서 그는 그때까지의 발주 내역을 소형트럭 한 대 단위로 상세하게 분석하고, 각각의 공장별로 취급하는 제품에 적합한 운송회사를 선정했습니다. 또한 그때까지 트럭 중심이던 수송 수단에 비행기, 철도, 선박 등을 추가해 그중 가장 적합한 것을 고르도록 했습니다. 이와 동시에 입출고와 포장 등 사내에서 이뤄지는 출하 작업도 대폭적으로 개선했습니다. 그 결과 출하 작업에 필요한 직원 수가 줄어 고령자나 아르바이트 직원들만으로 충분할 정도가 됐습니다.

이렇게 다양한 방법의 창의적인 문제 해결을 통해 물류사업부 설립 3년 동안 교세라의 매출은 1.5배 늘었음에도 직원은 오히려 줄었습니다. 물류 업무의 사업부화를 통해 생산성과 수익성을 높일 수 있었던 것입니다.

나아가 물류 업무 책임자는 모회사에서 하던 제품 발

송 등의 일까지 싸게 해주겠다 제안했습니다. 모회사 입장에선 비용이 줄게 되므로 당연히 그 제안에 응했지요. 그리하여 교세라는 연간 몇 십억 엔에 이르던 물류 경비를 15퍼센트나 줄일 수 있었습니다.

물류사업부는 이 일을 통해 자신감을 얻어 앞으로 교세라 운송이라는 회사를 만들어 물류 업무뿐 아니라 창고관리 업무를 비롯한 또 다른 영역에 도전하게 됐습니다.

## 직원들에게 의욕을 불어넣어라

지금 하고 있는 일이 별 볼일 없는 일이라는 생각에 귀하와 직원들 모두가 쉬 의욕이 오르지 않는 상황일 것이라 생각합니다. 하지만 그러한 일에서라도 일하는 의미와 보람을 찾아내 직원들에게 의욕을 불어넣어야 합니다. 그리고 철저한 업무 합리화를 단행해 생산성의 향상을 도모하고 지금까지 모회사가 이익이 나지 않는다고 외면했던 그 일로 10퍼센트의 이익을 낼 수 있도록 해보십시오.

그렇게 되면 모두에게 자신감이 붙을 것입니다. 이후에는 모회사에 “사내 업무 중 이익이 나지 않는 일을 저희에게 맡기십시오”라고 제안해 새로운 일을 받습니다. 그것을 다시 이익이 나는 사업으로 만들어가면 됩니다.

모회사의 박한 하청을 맡아서도 이익을 낼 수 있을 정도의 실력이라면 업계에서도 다른 회사에 뒤지지 않을 가격경쟁력을 갖추고 있을 것입니다. 그렇게 될 수 있다면 더욱더 큰 꿈을 이야기할 수 있습니다. 우선 창의적으로 문제를 해결해 비용을 슬기롭게 낮춘 뒤 이익률을 10퍼센트로 올리십시오. 그리고 다음 단계를 생각하면 됩니다.

# 생산성을 10배로 늘려라

**자사 브랜드 개발은 악마의 유혹일 수 있다.
발상의 전환, 그리고 자부심을 통해 먼저 생산성을 높이는 데 전념하라.**

저희 회사는 안경 및 선글라스를 제조하고 있습니다. 1917년 조부께서 도금업 관련 회사를 창업한 뒤 안경테의 금 도금법 개발에 착수한 것을 계기로 안경테 제조를 시작했습니다.

아버지 뜻도 있고 해서 1982년 저는 대학을 졸업하자마자 본 회사에 입사했습니다. 당시 회사는 거래처였던 유명 렌즈회사와 협력해 세계에서 최초로 티탄 안경테의 개발에 성공한데다 실적도 좋아 높은 수익을 올리고 있었습니다. 당시는 안경이 단순한 시력 보정기구에서 패션 아이템으로 변화하기 시작한 시기이기도 했습니다. 명품 브랜드와 라이센스 계약을 하는 기업이 늘어나는 등 업계에서는 디자인과 색에 대한 관심이 높아지고 있었습니다.

그러나 우리 회사는 여전히 OEM(주문자 상표 부착) 생산 위주였습니다. 거래처의 디자인 컨셉과 도면을 가져와 그대로 만들어내는 식이었지요. 하청과 다를 바 없었습니다. 이와 함께 품질을 중시하는 경영이념에 경도된 나머지 디자인에는 무관심한 회사였습니다. 또한 거래처도 유명 렌즈회사를 비롯해 다섯 개밖에 없는데다 100퍼센트 OEM 생산이었기 때문에 영업부서조차 없는 실정이었습니다.

저는 디자인의 중요성과 판매력의 강화를 주장했지만 당시 티탄 안경테는 부르는 게 값일 정도로 잘 팔렸고 회사가 충분히 잘 나가던 시절이라 저의 주장은 받아들여지지 않았습니다. 당시의 상황을 생각하면 어쩔 수 없는 일이라 생각합니다. 상황이 급변한 것은 그로부터 2, 3년 후의 일입니다. 우리 회사가 기술개발의 선행자 이익에 취해 있을 때 다른 회사들이 차례로 티탄 안경테 개발에 성공한 것입니다. 독점판매가 무너지고 단가가 계속해서 하락했습니다. 게다가 중요한 거래처 한 곳이 다른 업체로 발길을 돌리면서 저희는 큰 타격을 입게 됐습니다.

그래서 저는 급히 영업부서를 만들어 신규 고객 유치를 시작함과 동시에 기획과 디자인이 가능한 체제 구축에 착수했습니다. 그러니까 기획과 디자인이 가능한 OEM 생산으로 바꾼 것입니다. 고객사의 상품라인과 브랜드에 적합한 상품을 기획하고 디자인을 제안해 주문을 받는 체제로 바꾸고, 소규모이긴 하지만 자체 브랜드도 만들어 해외 판매도 시작했습니다. 현재는 OEM 생산이 약 95퍼센트, 자체 브랜드가 5퍼센트의 비율을 차지하며 거래처도 백 곳을 넘습니다.

이렇게 거래처의 수가 늘고 수주도 안정됐지만, 문제는 저희가 제안한 기획이나 디자인이 그냥 부가적인 서비스 정도로만 인식되고 있다는 것입니다. 그래서 판매 가격의 개선으로 좀처럼 이어지지 못하는 것이 현실입니다.

저희 회사는 이를 어떻게든 개선하는 것이 최대 과제라 이에 관해 의견을 듣고 싶습니다. 적어도 20퍼센트의 이익은 올리고 싶은데 이를 위해 OEM을 중심으로 하는 현재의 상태를 고수할지, 또는 포기할지 고민이 됩니다. 물론 수익을 많이 올리려면 저희 회사가 직접 개발하고 만들어 판매하면 되겠지요. 그러나 재고 리스크가 따르는데다 판매 경비까지 들기 때문에 자칫 잘못하면 오히려 이익률이 떨어질 수 있습니다. 또한 마케팅, 판매력, 기획력의 강화 역시 급선무입니다. 게다가 시장에서 기존의 OEM 업체들과 경쟁하게 되는 가능성도 고려해야 합니다.

그럼에도 자사 판매의 비중을 지금의 5퍼센트에서 30퍼센트 정도까지 끌어올리고 싶습니다. 현재 계절에 따른 수주 변동이 많아 생산성 향상에 장해 요인으로 작용하고 있습니다. 자사 판매는 이러한 수주 기복의 충격을 완화하는 역할을 할 수 있을 것으로 기대됩니다.

최선을 다해 노력할 생각이지만 리스크가 우려되는 선택이기 때문에 고민이 되기도 합니다. 사업 구조의 변화, 괜찮을까요?

## 지금도 충분히 이익을 낼 수 있다

지금 말씀하신 것을 들으면서 교세라가 성장해온 과정을 떠올렸습니다. 저는 파인세라믹스 재료를 개발했고, 이 기술을 바탕으로 교세라를 창업했습니다. 그런데 이것은 당시에는 전혀 알려지지 않은 새로운 재료였기 때문에 저는 어떠한 제품을 만들어야 할지 도무지 감이 오지 않았습니다. 그래서 유명 전기회사에 "제가 전기 절연 성능을 가진 새로운 재료를 개발했습니다. 혹시 필요하지 않으십니까?"라고 묻고 다녔습니다.

그러자 연구 부문의 사람들로부터 사실은 어떠한 진공관을 만들려는데 거기에는 이런저런 형태의 절연 재료가 필요하니, 만들어주지 않겠는가라는 의뢰를 받았습니다. 그때 저는 사실 확신이 서지 않았음에도 적극적으로 주문을 받았고 필사적으로 제품을 만들어 납품했습니다.

제 경험은 귀하의 부친께서 겪어온 것과 똑같습니다. 차이라면 부친은 티탄 안경테, 저는 파인세라믹스 재료를 개발했다는 점뿐입니다. 거래처가 만든 도면을 받아와 그대로 물건을 만들어 납품했습니다. 하지만 그렇게 해서는 한계가 있지요. 그래서 저희도 귀하가 그랬듯이 자사 제품을 기획하게 됐습니다.

지금의 IC(집적회로)가 쓰이기 전, 트랜지스터가 막 나오기 시작할 때였습니다.

"귀하가 만들 트랜지스터에 이 절연 재료를 사용한다면 더 좋지 않겠습니까?"

저는 직접 A사를 찾아가 도면을 펼치고 제안했습니다. 그 제안이 성공해 A사가 그 재료를 사용하게 됐습니다. 그리고 그것을 B사에도 들고 가 제안하자 B사도 사용했습니다. 그런 식으로 스스로 기획하고 디자인해 판매함으로써 사업 구조를 바꿔나간 것입니다.

## 확장의 유혹을 경계하라

처음에는 교세라도 마쓰시타전자공업만이 납품처였습

니다. 저는 파인세라믹스라는 절연 재료로 만든 부품을 납품하고 있었지만 마쓰시타의 하청에는 라디오에 쓰이는 성형부품을 만드는 회사가 있는가 하면, 놋쇠로 된 판을 떠내 부품을 만드는 곳도 있고, 또 금속을 선반으로 가공해 납품하는 회사도 있었습니다. 마쓰시타라는 전자회사의 안마당에는 서로 다른 업종의 하청업체가 엄청나게 많았습니다. 또 그러한 하청업체의 경영자들이 모이는 마쓰시타 공영회(共榮會)라는 조직도 있었습니다.

그 모임의 회원이라면 마쓰시타로부터 주문을 받는 입장이라 당연히 마쓰시타에 감사하고 있을 것이 틀림없다고 저는 생각했습니다. 하지만 그 모임에 출석해보니 감사는커녕 대부분이 불평만 늘어놓는 것을 보고 깜짝 놀랐습니다. 어떤 연배가 있으신 분은 이렇게 말했습니다.

"당신은 아직 젊구만. 거래 시작한 지 얼마 안 됐나보지? 우리는 단가를 왕창 깎여서 살맛이 안 나. 이미 쓰러진 회사도 많지."

이윽고 어느 경영자가 나섰습니다.

"언제까지고 남의 하청만 할 순 없지요. 자사 제품이 없으니까 이러한 수모를 겪는 겁니다."

귀하는 수익이 적은 하청에서 탈피하고자 합니다. 그래서 지금 5퍼센트인 자사 브랜드의 비율을 대폭 끌어올리고 싶은데 자사 브랜드를 너무 확대하면 위험이 있으므로 일단 30퍼센트까지만 높이려는 생각입니다. 하지만 자사 브랜드의 비중을 30퍼센트까지 올리면 필연적으로 고객 업체와 경쟁하게 되므로 지금 단계에서는 보류하는 것이 좋습니다.

자사 브랜드를 판매하는 데는 기획 및 디자인에서부터 홍보, 판매, 재고관리에까지 돈이 듭니다. 그 비중을 30퍼센트로 하건, 50퍼센트로 하건 100퍼센트로 하건 똑같이 막대한 비용이 들기 때문에 자사 브랜드를 30퍼센트 정도로 한다고 해서 채산이 맞을 리 없습니다. 어차피 할 거라면 100퍼센트가 낫습니다. 그 대신 재고의 리스크와 광고비를 부담하고 판매 유통채널을 만드는 등의 지금까지 경험하지 못한 막대한 리스크를 지게 됩니다. 자사 브랜드 제품은 하청업체에게 악마의 유혹인 셈입니다. 결코 안이하게 뛰어들어서는 안 됩니다.

## 발상의 전환으로 비용을 줄일 수 있다

그렇다고 적은 수익을 내는 하청 업무만 계속해야 하느냐, 그렇지는 않습니다. 귀하가 말한 것처럼 하청으로는 아무리 디자인이나 아이디어를 직접 제안하는 영업 방식을 택한다 하더라도 거래 가격에는 거의 반영되지 않는 것이 보통입니다. 제안을 하건 안 하건 낮은 단가에는 변화가 없다고 말씀하셨는데 제안을 아예 하지 않는 회사보다는 귀하 같은 회사가 수주를 받을 확률이 더 높으므로 제안은 계속하는 것이 좋습니다.

그러면 어떻게 해야 이익률을 높일 수 있을까요? 제조업체의 경우에는 판매 단가가 오르지 않는 이상 생산성을 높여 경영 합리화를 단행하는 것밖에 방법이 없습니다. 이렇게 말하면 지금까지도 적잖이 생산성을 향상시켜 왔는데 어떻게 이보다 더 경영 합리화를 해나가느냐 생각할지 모르겠습니다.

마쓰시타 고노스케 씨가 아직 건강할 무렵 이런 일이 있었습니다. 티브이 가격이 점점 내려가고 있었기 때문에 브라운관의 제조 비용을 더 줄여야 하는데 어떻게 하면 원가를 10퍼센트 줄일 수 있을 것인지 마쓰시타의 기술자들이 모여 회의를 하고 있었습니다. 그곳을 마쓰시타 씨가 우연히 지나다 그 내용을 듣게 됐습니다. 회의는 한쪽으로 결론이 나지 않았고 갑론을박의 논의가 계속됐습니다. 그때 마쓰시타 씨는 "여러분, 10퍼센트를 줄이기 어렵다면 30퍼센트를 줄일 수 있는 방법을 생각하는 것이 어떻습니까?"라는 한마디 말을 남기곤 사라졌습니다.

10퍼센트를 줄이려면 긴 시간 회의를 해도 결론이 나기 쉽지 않지만 30퍼센트를 줄이려면 지금의 설계 및 재료, 공정에 이르기까지 근본부터 다시 생각할 필요가 있습니다. 즉 마쓰시타 씨는 비용을 큰 폭으로 줄이려면 지금까지 해왔던 방식으로는 불가능하고 발상을 전환해 근본부터 바꿔야 한다 생각했던 것입니다.

## 자부심을 가져라

앞서 말씀드린 것처럼 창업 당시 교세라는 마쓰시타전자공업의 하청업체였습니다. 게다가 수주를 받을 때마다 가격 삭감을 요구받았습니다.

처음에는 도저히 못 해먹겠다는 생각에 이런저런 방법을 궁리했습니다. 그러나 어떤 순간 저는 '어차피 하청업체는 가격 삭감을 피할 수 없다. 그렇다면 그 가격에서도 이익을 낼 수 있도록 더 낮은 비용으로 만들면 될 것 아닌가?' 라고 생각을 바꿔 갖가지 창의적인 방법을 연구해 생산성을 높이는 데 전력을 다했습니다. 즉 하청업체라는 현실에서 벗어나려 하지 않고 문제에 정면으로 부딪힌 것입니다. 그 결과 전처럼 하청으로 같은 제품을 만들어도 충분한 이익을 확보할 수 있었습니다. 그러니까 하청이라도 제품을 만들 때의 발상을 근본적으로 전환하면 충분히 이익을 낼 수 있다는 것입니다.

이러한 경험은 이후 미국에 진출할 때 도움이 됐습니다. 당시 최고의 전자제품을 만들던 미국의 한 회사는 품질, 기술, 가격 삼박자를 갖추지 못하면 일을 주지 않았습니다. 하지만 교세라가 만든 제품은 마쓰시타에 단련된 덕분에 보란 듯이 모든 조건을 통과하고 채택을 받았습니다.

그러므로 하청업체라 해서 주눅들 필요가 없습니다. 예전에 신문기자들이 "교세라는 일렉트로닉스 업계에 있지만 단순한 하청기업이지 않은가?"라며 비웃던 시절이 있었습니다. 이에 저는 기술자들이 스스로 자부심을 가질 수 있도록 이렇게 말했습니다.

"일본의 일렉트로닉스 산업을 저변에서 뒷받침하는 것은 뛰어난 기술을 보유한 하청업체들입니다. 교세라는 전 세계 반도체 산업을 떠받치고 있습니다."

귀하는 자사 브랜드를 생산하지 않으면 직원들의 의욕이 향상되지 않을 것이라 생각합니까? 그렇지 않습니다. 자사 브랜드가 아니더라도, 다른 업체에 지지 않을 품질과 가격으로 제품 만들기에 전념하십시오. 무엇보다 경영자부터 자신의 일에 더욱 자부심을 가져야 합니다.

AV(오디오 비주얼) 기구 등의 OEM 생산을 중심으로 하는 어떤 회사는 불황에도 전 세계에서 끊임없이 주문이 들어옵니다. 전 세계의 유수한 전자회사들이 그 회사에 OEM 생산을 의뢰하고 있습니다. 그 이유는 생산성을 철저하게 향상시켜 일반회사들은 도저히 불가능한 가격으로 제품을 만들어내기 때문입니다. 그 회사가 까다롭게 굴더라도 분하지만 그 회사에 주문을 할 수밖에 없습니다.

OEM 업체임에도 그 회사는 엄청난 이익을 올리고 있습니다. 광고비를 거의 들이지 않아도 전 세계의 전자회사에서 알아서 생산을 부탁해오므로 생산량도 확대되고 큰 수익을 내는 것입니다.

귀하의 회사는 제안형의 수주 활동을 하고 있다는 점에서 지금도 매우 잘하고 있으니 안경테 제조의 전 공정을 처음부터 재점검해 지금보다 몇 배 수익성을 향상시키십시오.

발상을 바꾸면 생산성을 비약적으로 올리는 것이 가능합니다. 기술자들과 매일같이 현장에서 지내면서 지금의 5배, 10배로 생산성을 끌어올린다면 분명 OEM으로도 높은 이익을 실현할 수 있을 것입니다.

# 2

# 다각화를 꾀하라

기업은 계속해서 성장해야 합니다. 철강이나 자동차 회사처럼 커다란 시장을 가지고 있는 대기업의 사업이라면 하나의 분야만 고집해도 성장을 계속할 수 있습니다. 그러나 보통 중소기업은 한정된 시장을 가진 하나의 사업을 지속하는 경우 언젠가 성장의 한계에 부딪히고 맙니다.

시장성에 한계가 있는 이상 회사를 성장시키려면 반드시 새로운 사업을 일으켜 다각화를 도모할 필요가 있습니다. 특히 시장이나 경영 환경의 변화가 눈 깜빡할 사이 벌어지는 현대에는 한 가지 사업만을 계속하다 보면 돌연 시장 자체가 없어질 수도 있는 위험이 있습니다. 한 사업의 성쇠에 회사 운명이 좌우되지 않기 위해서도 다각화가 필요합니다. 따라서 다각화는 중소기업이 중견기업으로 거듭나기 위한 통과의례라 할 수 있습니다.

그러나 다각화에는 막대한 리스크와 어려움이 동반되므로 그에 걸맞는 준비가 필요합니다. 무엇보다 회사가 다각화에 실패하더라도 이를 이겨낼 수 있는 재무구조를 확보해야 합니다. 이를 위해 기존 사업을 고수익 체질로 만들어 향후 다소 손실을 입더라도 흔들리지 않을 만한 확고한 재무 기반을 확보하는 것이 전제 조건입니다.

나아가 다각화를 시도할 때 반드시 필요한 것은 바로 최고 경영자의 마음 자세입니다. 대기업의 경우에도 다각화에 성공한 사례가 많지 않은 것을 보면 알 수 있듯 다각화에는 헤아리기 어려운 고통과 어려움이 따릅니다. 저는 항상 다각화라는 것은 위험한 비탈길을 오르는 것과 같다고 말하곤 하는데 특히 최고 경영자에게는 어떠한 어려움에도 지지 않을 각오와 고도의 집중력이 요구됩니다.

신규 사업의 경쟁 상대는 그 분야의 전문 기업인 경우가 많으며 대개 그 사업에 사운을 걸고 있습니다. 우리는 다각화에 나선다는 우월감을 가지고 역량을 분산시킨 채 상대와 맞서면 도저히 이길 수가 없습니다. 전력으로 맞서는 적에게 이기려면 이쪽에서도 필사적으로 싸워야 합니다. 그러자면 쉬지 않고 일어나는 경영과 관련된 문제를 엄청난 능력을 발휘해 순간적으로 판단해 나가면서 누구에게도 지지 않을 정도로 노력하는 수밖에 없습니다.

기존 사업의 경영 문제를 해결하기도 벅찬데, 이제 막 다각화에 나선 사업에서 일어나는 문제를 엄청난 집중력을 발휘해 순간적으로 판단한다는 것은 말이 쉽지 실천하긴 꽤 어려운 일일 것입니다. 그래서 대개의 경영자들이 일에 쫓긴 나머지 그 판단을 남에게 맡기기 쉬운데 다각화가 실패하는 원인이 바로 여기에 있습니다.

그렇게 되지 않기 위해 경영자인 저는 항상 '유의주의(有意主意)' 정신에 입각해 판단하려고 노력해왔습니다. 이 말은 아무리 사소한 일이라도 주의를 기울이고 의식을 집중해 사물을 판단함을 뜻합니다. 이렇게 할 수 있으려면 항상 어떠한 일에도 최선을 다해 임하고 진지하게 사고하는 습관을 기를 필요가 있습니다.

이러한 습관을 기르는 데에는 시간이 걸립니다. 그러나 일단 몸에 익히면 고도의 집중력을 발휘해 신속하고 정확하게 판단할 수 있습니다. 다각화를 성공시키기 위해서는 아무리 바쁘더라도 이러한 유의주의에 입각해 판단해야 합니다.

회사가 웬만한 일에는 흔들리지 않을 정도의 재무 기반을 갖췄고 경영자가 열정을 가지고 사소한 일이라도 진지하게 판단하려는 자세를 갖췄다면 더 이상 중소기업으로 머무를 필요가 없습니다. 용기를 가지고 다각화에 나설 필요가 있습니다.

## 역량 강화와 영역 개척 사이에서

각오를 다지고 다각화에 나섰을 때 다음으로 문제가 되는 것이, 과연 어떠한 방식으로 다각화를 진행할 것인가입니다. 다각화의 단초는 자사의 강점 분야를 비롯해 여러 분야에 포진하고 있습니다. 제조업체가 독자적인 기술을 보유하고 있다면 그 기술을 바탕으로 용도가 다른 신제품을 개발해나갈 수 있습니다. 누구보다 뛰어난 영업력을 가지고 있다면 새로운 시장을 개척할 수도 있습니다. 다각화에는 다양한 공략법이 있습니다.

교세라가 아직 중소기업이었을 때 저는 우리 회사가 강점을 가지고 있는 기술의 연장선상에서 다각화를 고려했습니다. 저는 바둑을 두진 않지만 경영을 바둑에 비유해 당시의 간부에게 이렇게 말했습니다.

"바둑을 둘 때 한쪽을 먹었다고 어설프게 욕심을 부려 집을 넓히려 하면 금방 상대에게 끊기고 맙니다. 하수일수록 신중하게 미리 몇 가지 수를 만들어놓고 둬야 하지요. 그러면 틀림없이 실패가 적을 것입니다."

다각화는 경영자의 역량뿐 아니라 회사 전체의 자원을 분산시킵니다. 이 때문에 저는 지금 가지고 있는 경영 자원을 활용할 수 있고 시너지 효과도 기대할 수 있는 보유 기술의 연장선상에서 다각화를 추진했던 것입니다. 실제로 교세라는 재결정보석, 의료용 세라믹 재료, 절삭공구, 태양열 전지 등 차례로 제품의 다각화를 실시했는데 그것들은 바로 교세라가 강점을 가지고 있던 파인세라믹스 기술과 결정 기술을 응용한 제품들이었습니다.

이렇게 다각화를 차례로 진행시키며 창업 20년이 지났을 무렵 저는 새로운 분야를 개척하려는 결심을 했습니다. 전혀 다른 분야였던 통신기구 회사인 사이버넷공업을 인수하기로 한 것입니다.

사이버넷공업은 미국의 시티즌밴드(Citizen Band, 근거리 통신에 쓰이는 주파수대-옮긴이)용 무선전화기를 생산해 급성장한 회사였는데, 무선전화기의 규격 변경 등의 영향으로 급격히 실적이 악화됐습니다. 급기야 최고경영자가 저에게 도움을 요청해왔습니다. 저는 함부로 다른 쪽을 넘봐서는 안 된다 말해왔지만 도산 직전의 회사를 구제하는 것도 이 세상과 많은 사람을 위한 것이라는 생각에 과감히 그 회사 재건에 나섰습니다.

그렇게 인수했지만 이미 제품의 주문이 끊긴 상태라 적자가 계속됐습니다. 게다가 그 회사 노동조합원들이 제 자택에까지 몰려오거나 중상모략을 반복하는 등 문제가 끊이지 않았습니다. 하지만 저는 이 모두가 사이버넷 직원을 구하기 위한 것이라 여기고 꾹 참고 견뎠습니다.

이 재건 작업이 궤도에 막 올라설 무렵 이번에는 통신 분야의 규제 완화가 시작돼 NTT가 독점하고 있던 장거리 통신사업이 자유화됐습니다. 저는 이전부터 일본의 장거리 전화 요금이 너무 비싼 것에 분개하고 있었기 때문에 국민들을 위해 어떻게든 요금을 내려보겠다는 순수한 마음으로 제2전전을 설립했습니다.

경험이 전혀 없는 새로운 분야였음에도 세상과 또 많은 사람을 위한 것이라는 포기할 수 없는 신념을 가지고 새로운 분야에 뛰어든 것입니다. 이에 그치지 않고 저는 곧 이동통신의 시대가 올 것을 예상하고 휴대전화업체인 셀룰러(현 au)와 휴대용 무선전화기 PHS를 생산하는 DDI포켓(현 윌컴) 등 새로운 회사를 차례로 세웠습니다.

이 사업들을 성공시키기 위해 흩어져 있는 사업들을 연결해 그룹의 종합적인 역량을 활용할 필요가 있었습니다.

그래서 저는 교세라에서 이동통신의 단말기 역할을 할 휴대전화를 생산하기로 했습니다. 이 당시 교세라의 통신기술을 짊어진 이들은 사이버넷공업의 기술자들이었습니다. 이전 회사로부터 물려받은 무선 기술을 응용해 셀룰러의 휴대전화와 DDI포켓의 단말기를 생산했습니다. 각각의 제조에는 교세라에서 생산한 전자부품을 이용하고 그룹 차원에서 부품을 종합적으로 개발하기로 했습니다. 이렇게 역동적인 다각화를 연속으로 실시함으로써 교세라는 기존 사업과 신규 사업을 연결해 시너지 효과를 창출하고 그룹의 종합적인 역량을 키울 수 있었습니다.

교세라의 경우 이렇게 역동적으로 사업을 전개해왔습니다. 성장을 계속한다면 대담한 다각화도 가능하겠지만 회사의 규모가 크지 않은 상태에서 새로운 분야를 개척한다는 것은 역시 위험이 따릅니다. 일단은 회사의 강점을 갈고닦아 그 연장선상에서 다각화를 실시하는 것이 기본이라 하겠습니다.

## 성공에의 도취를 경계하라

다각화를 추진하면서 한 가지 더 유념해야 할 것이 있습니다. 기업은 다각화라는 비탈길을 오르면서 규모가 커지고 안정기가 지나면 다시 그다음 비탈길을 오르는 과정을 반복하며 성장합니다. 그런데 맨 처음의 다각화가 성공하고 회사가 어느 정도의 규모로 성장했을 때 생각지 못한 위기가 찾아옵니다.

그것은 경영자가 성공에 도취돼 우쭐해지는 것입니다. 다각화를 이뤄낼 정도로 재능이 있는 경영자라면 오기도 있고 자의식도 강하므로 '내 덕분에 성공했다' 고 지나친 자신감에 빠져듭니다. 그 결과 다각화를 성공시키기 위해 노력을 게을리하지 않았던 경영자가 겸허함을 잃어버리고 코가 하늘을 찌를 듯 오만해지고 맙니다. 그렇게 되면 주위의 인심을 잃고 회사는 급속하게 기울게 됩니다. 그러한 일을 막기 위해 저는 세이와주쿠의 학생들에게 만약 사업이 성공하더라도 '거만해지지 말고 겸허한 마음가짐으로 더욱 노력하라' 고 말합니다.

다각화라는 험난한 비탈길을 극복해 자신감이 붙더라도 경영자는 겸허함을 잃어서는 안 됩니다. 기업을 계속 성장시키기 위해서는 어떠한 성공에도 우쭐해지지 않도록 경영자 스스로 마음을 잘 다스려야 합니다.

# 채산성을 높여라

**무모하게 시장을 확대하지 말고 상황을 냉정히 바라보라.
먼저 채산성을 향상시켜 자본금을 쌓아야 한다.**

저는 서류, 완구, 잡화를 취급하는 소매점을 운영하고 있습니다. 현재 직원은 5백 명 남짓이고, 자본금은 4천8백만 엔입니다. 제가 사장이 되고부터 적극적인 출점 전략을 채택해 점포 수가 34개에 이릅니다. 매출액 100억 엔을 목표로 하고 있으며 지난해 매출액이 97억 엔이었는데 이후 매출이 감소하고 있습니다. 그래서 9개 점포를 철수할 수밖에 없었습니다.

그럼에도 저는 신규 출점을 하지 않으면 사업이 점점 위축돼가는 듯한 불안감을 느낍니다. 또한 개인적으로 새로운 점포를 내는 일이 아주 즐겁습니다. '취미는 출점, 특기는 빗내기' 라고 친구들에게 말할 정도입니다.

앞으로 소매업체가 살아남기 위해서는 보다 고객을 끌어들일 수 있는 대형 판매점을 지을 필요가 있다고 생각합니다. 그러나 긴 불황과 과잉투자 탓에 대형 슈퍼마켓을 비롯한 점포들이 도산하고 있다는 것도 잘 알고 있습니다.

경영 환경의 변화 및 경영 자원의 효율화 관점에서도 현재의 출점 확대 전략은 언젠가 한계에 부딪힐 것 같다는 생각이 들어, 경영 전략을 전환할 필요가 있다고 생각합니다. 앞으로 회사를 계속 성장시키려면 어떻게 해야 할까요?

## 자본금을 쌓아라

저는 세이와주쿠에서 이렇게 말해왔습니다.

"우주에는 모든 것을 생성하고 성장시키는 흐름이 있습니다. 이 때문에 우주에 존재하는 것은 식물이든 동물이든 간에 한순간도 멈추는 일 없이 진화와 성장을 계속하는 것이지요. 기업 또한 필사적으로 노력해 성장을 계속해야 합니다."

10억 엔을 20억 엔으로, 20억 엔을 50억 엔으로, 그리고 50억 엔을 100억 엔으로 매출을 늘리려면 새로운 점포를 내거나 점포의 크기를 키울 수밖에 없습니다. 귀하의 경우에도 신규 점포를 계속해서 늘려 회사를 키워왔습니다. 그러나 저는 '취미는 출점, 특기는 빚내기' 라는 말씀에 등이 서늘해지는 느낌을 받았습니다. 그러한 사고방식은 잘못됐다고 생각합니다.

분명히 우주에는 만물을 생성하고 성장시키는 흐름이 있지만 어떠한 환경에서도 끝없이 발전해나갈 수 있는 것은 아닙니다. 식물이든 동물이든 주어진 환경에 적합한 것들이 성장해나가는 것이지요. 이를테면 툰드라 지역에서는 식물 중 이끼나 지의류밖에 자라지 못합니다. 아무리 생성의 기운이 넘실거린다 해도 추위가 극심한 툰드라 기후에서 성장할 수 있는 식물은 정해져 있습니다. 그러나 온난하고 비가 많이 내리는, 즉 식물의 성장에 적합한 지역엔 다양한 수많은 식물들이 자라고 있습니다. 즉 환경이 식물의 성장에 중요한 조건으로 작용하는 것입니다.

귀하의 경우 지금까지 해왔던 방식으로는 성장에 한계가 있을 것이라 생각합니다. 앞으로도 성장을 계속하려면 자본금을 쌓는 것이 전제 조건이므로 일단 모든 점포의 채산을 향상시켜야 합니다. 무리하게 매출액을 늘리려 하지 말고 지금 출점해 있는 점포들의 수익성을 높이십시오. 금방 이익률이 10퍼센트가 되지는 않겠지만 적어도 7~8퍼센트의 이익은 내도록 해서 직원들의 미래를 확실히 보장할 수 있는 조건을 다지는 것이 중요합니다. 이러한 것을 무시하고 무조건 확대 노선으로 밀어붙이면 큰 손실을 볼 수 있습니다.

유통 혁명의 선두에 나섰던 기업 다이에는 슈퍼마켓 분야를 개척한 것으로 유명합니다. 버블경제가 붕괴되는 와중에도 다른 회사를 지속적으로 인수하며 은행 차입금을 늘려나갔습니다. 원래는 각 점포의 채산성을 확보하고 실적을 쌓으면서 다음 출점 계획을 모색해야 하는 것이 정석이지요. 그런데 다이에는 대형점 출점과 신규 사업 진출만을 반복한 것입니다. 그러는 사이 본업인 슈퍼마켓은 점점 경쟁에서 밀리고 기존 점포의 채산성마저 악화일로로 치달았습니다. 결국 회사는 큰 어려움에 빠지고 말았습니다.

회사의 규모는 다르지만 귀하 또한 이러한 전철을 밟지 않도록 기존 점포의 채산을 확보하는 것이 급선무입니다. 제대로 된 경영관리 시스템을 확립하고 간부들에게 이에 대한 교육을 실시함으로써 기존 점포의 수익성을 회복하고 점포 하나하나가 튼튼해질 수 있도록 만들어야 합니다. 그렇게 하면 회사 전체의 이익이 늘어나게 되므로 자금 순환도 호전되고 차입금도 계획대로 갚을 수 있습니다.

## 돌아갈 수 있는 본진을 구축하라

창업한 지 얼마 지나지 않은 무렵 저는 파인세라믹스 제품을 일본의 유명 전기회사에 납품하려 시도했습니다. 하지만 그들은 영세기업이었던 교세라를 신뢰하지 않았습니다. 당시 일본의 전기회사들은 대부분 미국으로부터 기술을 도입하고 있었습니다.

'만약 미국 회사들이 교세라의 부품을 쓴다면 국내 회사들 역시 우리 것을 믿고 쓰게 되리라.'

이렇게 생각한 저는 무작정 미국으로 건너갔습니다. 영어를 잘하지 못하는 등 고생이 많았지만 노력을 거듭한 끝에 결국 시장 개척에 성공했습니다. 미국에서의 주문이 늘면서 현지에 공장까지 짓게 됐습니다.

해외로 진출하는 경우 보통의 회사라면 가장 우수한 직원을 파견하는 것이 일반적입니다. 그러나 아직 인재가 충분치 않은 본사에서 우수한 직원을 미국으로 데려가버리면 본사가 허약해집니다. 본사가 무너지면 모두가 돌아갈 곳을 잃고 맙니다.

그래서 저는 미국에서 실패하고 돌아오더라도 일본의 본사만 튼튼하면 살아남을 수 있다고 생각해 본사관리는 우수한 베테랑 직원들에게 맡겼습니다. 그리고 저는 아직 경험이 부족한 젊은 직원들을 이끌고 미국으로 건너갔던 것이지요. 미국에는 문화 차이 등 많은 어려움이 기다리고 있었지만 제가 직접 젊은 직원들을 지도해 정예요원으로 바꿔놓았습니다. 이들 젊은 직원들이 경험을 쌓고 성장해준다면 회사의 미래가 밝을 것이라 생각했기 때문입니다.

요컨대 새로운 도전을 할 때에는 비록 전선에서 패한다 해도 안심하고 돌아갈 수 있는 견고한 성을 미리 쌓아놓을 필요가 있습니다.

## 서두르지 말고 멀리, 길게 보라

대형 판매점은 당연히 소규모 점포보다 큰 리스크가 따릅니다. 많은 고객을 끌어들일 수 있지만 토지나 건물의 임차료, 내부 인테리어 등에 막대한 비용이 듭니다. 그리고 광고비 또한 적지 않습니다.

최근 소매점의 상황을 봐도 그렇습니다. 새로 연 점포

덕에 매출은 오르지만 기존 점포들이 적자인 탓에 총실적은 부진한 회사가 많습니다. 그러므로 귀하는 직원들의 고용을 보장할 수 있을 정도의 충분한 수익을 낼 수 있도록 기존 점포의 적자를 해소하고 채산성을 향상시켜야 합니다.

직원이 28명밖에 없었던 교토의 영세기업이 꾸준히 성장을 거듭한 끝에 오늘날의 교세라가 됐습니다. 어떻게 그것이 가능했을까요? 그것은 '세계 최고'라는 높은 목표를 세우고 도전과 노력을 거듭했으며 무모하게 시장을 확대하기보다는 스스로의 힘을 키우려 애썼기 때문입니다. 현 상황을 냉정하게 바라보고 절대로 서두르지 않았기 때문에 크게 실패하는 일이 없었습니다. 또한 사업이 잘돼도 자만하지 않고 초심을 지키며 꾸준한 노력을 거듭했기 때문에 발전을 계속할 수 있었습니다.

요컨대 자족할 줄 알고 사업의 기초를 견고히 한 뒤 새로운 사업에 진출하면 됩니다. 다시 한 번 강조하지만 귀하의 경우 지금은 기존 사업의 수익성을 높이는 데 전념해야 할 때입니다.

# 패치워크로 리뉴얼하라

**경영을 외부에 위탁하면 리스크가 커진다.
최소의 경비를 들여 고객이 만족할 만한 서비스를 실현하는
방법을 찾아야 한다.**

제가 현재 경영하는 호텔은 여관과 레스토랑을 경영하는 장인어른 회사의 사업 중 하나로 1974년 오픈했습니다. 객실 수 57실, 270명을 수용하는 중급 규모의 관광호텔입니다. 1980년 자회사로 분리돼 1996년 호텔의 경영권을 제가 물려받았습니다. 모회사에서 완전히 독립함에 따라 모회사 명의의 건물과 설비의 매수 등 신규로 40억 엔 가까이 차입한 탓에 현재 매출액이 9억 엔인데 비해 차입금은 12억 엔 정도 됩니다. 이익은 상각 전 1억 엔,

상각 후에는 4백만 엔입니다. 직원은 75명, 자본금은 8천만 엔으로 자금 면에서는 지역 은행과 정부계 금융기관으로부터 적극적인 협력을 받아 지금까지는 무난하게 경영해왔습니다.

부속 건물과 시설은 어느 정도 호텔 수준을 유지하고 있으나 본관의 주요 시설은 꽤 낙후된 상태입니다. 근처에 바다가 있는 터라 염분 피해로 인한 노후화가 눈에 띌 정도입니다. 연회장도 수용력이 부족해 고객들의 불만이 많습니다. 온천 시설의 경우도 부족해 다른 호텔과의 경쟁에서 밀리고 있습니다. 시설 면에서 대규모 투자가 필요한 시기가 된 것입니다.

한 컨설팅 회사에 상태 조사를 의뢰한 결과, 이곳은 국립공원에 속해 있어서 건물의 높이나, 면적, 디자인에 제약이 심해 재개장에 약 20억 엔이 드는데 개장 후 시설의 가치는 15억 엔 정도라는 보고를 받았습니다.

전에 10년 가까이 정부계 금융기관에서 심사 업무를 맡았던 터라 저는 자기자본비율이 7퍼센트에도 이르지 못하는, 이렇게 불안정한 상황에서는 재무 체질의 개선이 최우선 과제라 인식하고 있습니다. 뚜렷한 전략을 세우지 않고 투자해 차입 과다로 파산에 내몰린 동종업자들을 무수히 봐왔기 때문에 아무래도 신중해지지 않을 수 없습니다.

작년부터 보일러와 목욕탕의 여과기 및 엘리베이터 제어장치, 자가발전장치, 배관 설비 등 주로 고객들 눈에 보이지 않는 부분의 시설 교체가 이뤄졌습니다. 각각 5백만 엔에서 천만 엔 단위의 경비를 지출한 상황인데 대폭적으로 공사를 감행한다면 이 시설들을 다시 설치해야 해서 막대한 낭비가 예상됩니다. 갈수록 숙박 매출은 떨어지고 있고 빠른 시일 내 근본적인 대책을 세우지 않으면 점점 더 경영이 악화되지 않을까 싶어 걱정이 많습니다.

이런 와중에 전부터 호텔 건물 공사 등을 맡아온 지역 건설회사가 3회 정도로 나눠 공사 비용을 투자하겠다고 제안을 해왔습니다. 또 주거래 은행도 협력을 약속한 상황입니다. 그럼에도 경제 상황이 불투명한 시기이므로 이 제안을 받아들여야 할지 말아야 할지 판단하기 어렵습니다.

그야말로 진퇴양난의 상황인 것입니다. 판단을 잘못하면 직원들까지 피해를 볼 가능성이 있기 때문에 더욱더 고민하는 상황입니다. 일단 제 판단으로는 건설회사로부터 먼저 받을 수 있는 금액인 5억 엔을 예산으로 최소한의 개·보수를 진행하는 방안을 검토해보는 것이 어떨까 싶습니다. 이 경우 매출은 12~13억 엔으로 늘 것으로 예상하는데 과연 이러한 판단이 옳은 것인지 모르겠습니다. 리뉴얼 투자 제의, 받아들여야 할까요?

## 리스크를 관리하라

말씀대로라면 지금 개장하는 것은 위험합니다. '3회로 나눠 리뉴얼을 하면 어떤가' 라는 권유를 받아 일단 5억 엔 정도의 비용으로 개장을 하려 한다고 하셨습니다. 5억 엔을 들여 개장을 하면 차입금은 17억 엔으로 늘지만 매출도 현재의 9억 엔에서 12~13억 엔 정도로 늘지 않을까라고 생각하고 계십니다.

5억 엔의 융자를 받으면 당연히 차입금은 17억 엔으로 증가합니다. 그러나 매출의 경우 12억 엔 정도로 늘지 않을까라고 예측한 것에 불과합니다. 자칫하면 9억 엔 그대로일 수도 있습니다. 매출이 늘 것이라는 보장은 어디에도 없습니다.

제조업체라면 생산량이 증가함에 따라 설비 투자를 늘리는 것이 가능하지만 호텔의 경우 개장 여부에 따라 그 비용이 크게 달라집니다. 가령 온천 노천탕은 반만 지어서는 사용할 수 없어 제대로 완비하는 데 요구되는 높은 비용을 투입할 수밖에 없습니다. 그럼에도 매출이 늘 것이라는 확실한 보장은 없다는 것입니다. 자연스레 리스크는 커집니다.

만약 제가 귀하라면 공사에 5억 엔이나 쓰지 않을 것입니다. 개장에 5억 엔이 든다는 것도 건축업자가 자의적으로 예상한 금액일 것입니다. 저라면 고객들로부터 불만을 사는 곳이 어디인지 직접 눈으로 확인해 그곳부터 서둘러 수리할 것입니다.

## 환경미화도 고민하라

얼마 전 교세라의 계열사인 교세라 미타의 히라가타 공장을 둘러봤습니다. 참고로 미타공업은 도산한 뒤 교세라 미타라는 이름으로 바뀌었고 교세라의 프린터 사업부장이 이곳의 사장으로 취임하게 됐습니다. 이 공장은 1960년대 지어져 외관이 철골 슬레이트로 덮여 있었지만 그래도 굉장히 깔끔해보이는 공장이었습니다. 공장 내 도로는 먼지 하나 없고 화단도 깔끔하게 정돈돼 잡초 하나 나지 않았습니다.

이 공장은 복사기에 쓰이는 토너 원료를 한 달에 몇 백 톤씩 만들어냅니다. 토너는 마치 그을려서 생기는 검댕 같았는데, 그럼에도 공장은 바닥까지 전부 페인트가 칠해져 있고 슬리퍼를 신고 다닐 수 있을 정도로 깨끗합니다.

실은 미타공업이 도산했을 당시엔 굉장히 지저분해 조금만 걸어다녀도 온몸이 금방 시커멓게 더러워졌다 합니다. 이를 본 신임 사장은 일의 능률을 높이기 위해 쾌적한 환경으로 바꿔보자 강조했습니다. 결국 모두가 힘을 합쳐 깨끗하게 청소한 덕분에 지금과 같은 상태를 만들 수 있었다고 합니다.

공장이 더러웠던 이유는 토너를 만드는 기계 안에 그을음 가루가 새는 곳이 있었기 때문입니다. 이에 신임 사장이 직접 그 기계를 수리했다고 합니다. 그리고 모두가 함께 더러웠던 외벽에 페인트를 새로 칠했다고 합니다. 그 결과 그곳은 지금 먼지 하나 없는 쾌적한 일터로 바뀌었습니다. 직원들이 함께 힘을 합친 덕분이었습니다.

토너 공장 옆에는 복사기의 감광체를 만드는 공장이 있습니다. 원래 토너 공장과 그 공장은 모두 적자를 냈었습니다. 그런데 1년 사이 고수익을 내는 공장으로 탈바꿈한 것입니다.

공장의 환경미화는 건축업자나 도장업자에게 맡기고 기계는 수리업자에게 맡기는 것이 보통이지요. 그러려면 보통 몇 천만 엔의 돈이 드는데 히라가타 공장은 돈이 전혀 들지 않았습니다. 자신들이 직접 페인트를 칠하고 기계를 수리해 훌륭한 공장으로 바꿔놓은 것이지요. 공장의 외관이 달라졌을 뿐 아니라 쾌적한 분위기 속에서 직원들의 업무 능률이 오르자 실적도 호전된 것입니다.

## 최소 경비로도 좋은 서비스가 가능하다

귀하 역시 처음부터 청바지와 운동화 차림으로 현장을 다녔다면 좋았을 것입니다. 개장하는 데 어째서 5억 엔이나 드는가? 모든 것을 업자에게 맡기지 말고 직원 모두가 힘을 모으면 더 적은 비용으로 할 수 있지 않을까라는 생각으로 다시 상황을 면밀히 따져볼 필요가 있습니다.

규모가 작은 여관이나 호텔의 경영자는 건물과 시설에 누구보다 관심을 가져야 합니다. 직접 수리에 나설 정도로 부지런하지 않으면 경영이 어렵습니다. 경영자니까 책상에 앉아서 업자를 불러 모든 것을 맡기면 된다는 의식으로는 경영이 잘 될리 없지요.

예전에 가고시마 현 고쿠분 시에 공장을 지을 때 근처

에 있던 여관에 자주 묵었습니다. 시냇물 흐르는 소리가 들리는 곳에 위치한, 노송나무로 지어진 꽤 품위 있는 여관이었습니다.

물어보니 그 여관을 경영하는 분이 건축이나 설계에 관심이 있어 그 지역 목수와 함께 낡은 여관을 5년에 걸쳐서 그렇게 멋진 여관으로 바꿔놓았다고 합니다. 개울 쪽으로는 노천탕이 있고 객실에는 향이 피워져 있으며 마룻바닥 틈으로 야생 동백꽃이 피어 있기도 합니다.

주인이 그림에 소질이 있거나 꽃꽂이에 취미가 있다면 별도로 비용을 들이지 않아도 이와 같은 아름다운 인테리어가 가능합니다. 여관이나 호텔의 경영자에게는 이러한 소양이 필요하다고 생각합니다. 귀하라면 매일같이 꽃꽂이 전문가를 불러 꽃을 가꾸게 할 테지만 먼저 그러한 의식에서 벗어나야 합니다.

지금 귀하는 부분 공사로 낡은 호텔을 멋지게 탈바꿈시키는 수밖에 없습니다. 어떻게 하면 막대한 비용을 들이지 않고, 즉 최소의 경비를 들여 고객이 만족할 수 있는 서비스를 제공할 수 있을지를 생각하십시오.

## 서비스에 진심을 담아라

가고시마 현 고쿠분 시에 교세라가 경영하는 호텔 교세라가 있습니다. 고쿠분 시에는 교세라의 공장과 소니 반도체 공장이 있어 전 세계의 고객들이 방문하는데 낡은 여관은 있어도 외국인들이 묵을 만한 괜찮은 호텔이 없었습니다.

그래서 공장에 방문하는 고객과 관계자 등은 가고시마 시내의 호텔에서 주로 묵었으며 공장까지는 택시를 타고 와야 했습니다. 저는 늘 세계 각국에서 오시는 고객들에게 부끄럽지 않을 만한 훌륭한 호텔이 있었으면 했습니다. 하지만 그런 호텔을 외진 곳에다 지으면 채산이 맞지 않아 아무도 나서지 않을 것이라는 걸 알기에, 그렇다면 내가 직접 지어보자는 생각을 하게 됐습니다. 저는 호텔을 경영하기에 앞서 직원들에게 이렇게 말했습니다.

"입지나 시설이 좋은 호텔이 반드시 좋은 호텔은 아닙니다. 우리는 비록 외지에 있지만 멋진 호텔이라는 말을 들을 수 있는 호텔을 목표로 합니다. 이를 위해 가장 중요한 것은 직원들의 마음가짐입니다. 한 번 묵었던 고객이 여러분들의 밝은 미소와 친절한 배려가 담긴 서비스에 감동해 '또 묵고 싶다'는 생각이 드는 호텔이 됐으면 합니다. 고객들이 진심으로 행복을 느낄 수 있는 그런 호텔을 만들어봅시다."

교세라처럼 호텔을 처음 시작하는 경우 건물이나 시설은 직접 지었더라도 경영은 통상 전문가에게 맡기는 것이 보통이지요. 하지만 호텔 교세라는 직영하고 있습니다. 호텔 직원 역시 교세라의 공장에서 지원자를 모집해 선발하고 있습니다. 호텔 경영에 관한 모든 것을 누구에게도 의지하지 않고 교세라가 직접 담당하고 있는 것이지요.

경영을 외부에 위탁하면 호텔 교세라만의 서비스 정신을 가진 직원들을 통한 경영이 불가능합니다. 제가 내세운 서비스 정신을 호텔 직원들이 잘 이해하고 그에 맞는 마음가짐으로 일하기 때문에 호텔 교세라는 착실히 실적을 내고 있습니다.

귀하의 경우 지금의 상황을 착실하게 극복해나가야 할 것입니다. 그동안 신중하게 경영을 해왔기 때문에 금융기관의 신용도도 높은 것이라 생각합니다. 그런 만큼 지금은 보다 내실을 튼튼하게 다져야 한다고 강조하고 싶습니다.

# 인수·합병도 전략이다

**가장 중요한 것은 경영자의 경영이념, 리더십, 인간성이다.**
**부드러운 리더십을 발휘해 직원들의 마음을 하나로 묶어라.**

저는 자동차 영업점을 운영하고 있습니다. 자동차의 대중화에 따라 신속한 거점 확보와 시스템 구축을 통해 기반을 다졌고, 마침내 1971년 염원하던 지역 내 최우수 영업점이 되어 현재까지 그 자리를 유지하고 있습니다.

1970년 저는 지역 내 다른 제조업체의 영업점을 인수해 경영을 재정비했습니다. 그리고 이어 수입차 판매회사를 인수했습니다.

업계의 경쟁이 치열하지만 저희 회사는 지역 내에서 자동차 영업을 중심으로, 자동차 관련 다른 사업까지 해나갈 계획입니다. 본사와 계열사 직원들의 고용을 보장하기 위해서는 역시 점유율이 중요한 요소라 생각합니다. 현재 저희 회사는 지역 내 판매 점유율이 15퍼센트 정도로 안정적인 추이를 보이고 있습니다. 장기적으로는 25퍼센트까지 올리고자 합니다. 전체적인 점유율을 감안한다면 아무래도 다른 회사 인수를 고려해야 된다고 여겨집니다. 인수를 추진하기 위한 준비와 마음가짐은 어때야 하는지, 또 인수한 회사의 직원들과 생길 수 있는 거리감을 없애려면 어떻게 해야 좋을지도 고민하고 있습니다.

앞으로 저는 직원들의 화합 분위기를 조성함과 동시에 미래를 위해 꾸준히 인재육성을 펼쳐나가려고 합니다. 성공적 인수를 위해 필요한 것은 무엇입니까?

## 부드러운 리더십으로 직원들을 끌어당겨라

회사를 경영할 때 가장 중요한 것은, 경영자의 경영이념이 뚜렷하고 직원들이 그것을 적극적으로 실천하도록 만드는 것이라 생각합니다. 이를 위해 경영자는 뛰어난 리더십과 인간성을 지니고 있어야 합니다.

저는 늘 경영이념이 경영의 근간이라는 말을 합니다. 직원들이 진심으로 그것에 공감하고 따를 수 있는 경영이념이 회사에 꼭 있어야 합니다.

다른 회사를 인수하려 할 때에는 "저는 새로운 경영자로서 앞으로 이러한 경영이념을 가지고 경영하겠습니다. 직원 여러분, 저를 믿고 따라와주십시오"라고 선언해야 합니다.

또한 인수된 회사 직원들이 '전에는 회사가 아침부터 밤까지 일만 부리고 정작 해준 건 아무것도 없다. 그에 반해 지금의 사장은 제대로 된 경영이념을 가지고 있고 우리가 노력해 맺은 성과에 대해서도 충분히 인정해주겠다는 명확한 방침을 가지고 있다. 이런 새로운 리더를 믿고 따르겠다' 고 다짐하도록 만들어야 합니다.

인수되는 회사의 간부에서 일반 직원에 이르기까지, 새로운 경영자인 귀하를 믿고 따르면 이전보다 훨씬 행복해질 수 있으리란 믿음을 주는 선언이 필요합니다. 인수 전에 귀하가 이러한 선언을 하면 직원들이 안심하고 인수를 환영할 것입니다.

또한 인수되는 회사가 적자 상태였다면 직원들에게 현 상황을 분명히 공개하고 모두의 마음을 하나로 모아야 합니다.

## 진정으로 위하는 마음을 가져라

교세라도 많은 회사를 인수했는데 맨 처음 인수한 곳은 무선전화기 등을 만드는 사이버넷공업이었습니다. 막대한 적자를 내는 회사였지만 구제를 요청해와 저는 경영을 떠맡기로 했습니다.

인수에 앞서 그 회사의 간부들을 교세라 본사로 초대했습니다. 술을 마시며 술자리가 무르익을 무렵 저는 말했습니다.

"여러분과 이야기를 나누면서 사이버넷공업에는 이

렇게 훌륭하신 분들이 계시기 때문에 저와 함께 열심히 해주실 것이라 확신했습니다. 앞으로 힘을 합쳐 더 나은 회사를 만들어봅시다."

그렇게 우리는 하나로 뭉쳐 함께 사업을 재건하기로 맹세했습니다. 이때는 이미 제품의 수주가 끊긴 상태였지만 어떻게든 재건시키기 위해 모두가 최선을 다해 노력했습니다. 그 결과 사이버넷공업의 통신기술을 바탕으로 교세라가 휴대전화, PHS 등을 생산할 수 있었습니다.

다음으로 인수한 곳은 야시카라는 카메라 생산업체였습니다. 이때도 역시 쓰러지기 직전의 회사를 구제해달라는 부탁을 받았습니다. 사업의 재건에 어려움이 많았지만 야시카의 직원들을 한 명도 해고하지 않고 교세라와 제2전전의 일을 맡겼습니다. 자신의 일에 최선을 다하는 야시카 출신의 한 직원은 이렇게 말하더군요.

"교세라에 인수돼 천만다행입니다. 만약 그렇지 않았다면 많은 사람들이 길거리에 내몰렸겠지요. 그런 저희가 이제 시대를 선도하는 중요한 일을 맡고 있어 자부심이 큽니다."

## 편견을 극복하라

1990년에는 미국의 AVX라는 회사를 인수했습니다. AVX는 당시 돈으로 환산하면 750억 엔의 매출액을 자랑하는 미국의 대표적인 전자부품 생산업체였습니다.

실은 AVX와 묘한 인연이 있었습니다. 교세라를 창업하고 4년째 됐을 무렵 일본에서 시장 개척에 어려움을 겪자 저는 새로운 판로를 찾기 위해 미국으로 건너갔습니다. 그때 저는 서른 살이었고 교세라 매출은 불과 1억 엔 정도였습니다. 미국에서는 당시 최고로 번창했던 뉴저지주의 세라믹 생산공장을 견학했습니다. 그때 견학한 공장의 책임자가 마셜 버틀러 씨였습니다. 버틀러 씨는 그 후 몇 번인가 회사를 바꾼 듯한데, 28년 후에는 AVX를 경영하고 있었습니다. 저는 그에게 이렇게 제안했습니다.

"일렉트로닉스 산업은 발전을 거듭해 글로벌경영 시대를 맞고 있습니다. 지금은 서로 힘을 합하지 않으면 세계 최고가 될 수 없는 시대입니다. 교세라와 AVX가 힘을 합쳐보는 것은 어떻겠습니까?"

버틀러 씨도 저와 처음 만났을 당시를 자세히 기억하고 있었습니다. 그는 이렇게 말했습니다.

"회장님이 우리 회사에 왔던 때를 기억하고 있습니다. 이후 교세라가 일본에서 성공을 거둔 것도 뉴스를 통해 잘 알고 있습니다. 그런 일을 이뤄낸 교세라와 한 팀이 되는 것이라면 저는 찬성입니다."

이렇게 회사 인수가 진전되고 있을 때 AVX의 주가는 1주당 2달러였습니다. 인수하기에 앞서 제가 그 주식을 50퍼센트 비싼 3달러에 사겠다고 제안하자 버틀러 씨 그리고 주주들도 긍정적으로 받아들였습니다. 다만 교세라도 뉴욕 증권거래소에 상장돼 있었기 때문에 AVX의 주식을 현금으로 사는 것이 아니라 교세라의 주식과 교환하기로 했습니다.

그런데 양쪽의 변호사들끼리 마무리 작업을 진행하는

동안 상대방이 욕심이 생겼는지 주식 가격을 더 올려달라고 통보해왔습니다. 회사를 살 때는 가능하면 싸게 사려는 것이 보통이므로 우리 측 변호사와 임원들은 강하게 반대했습니다. 저는 상대가 제시한 가격으로 주식을 산 뒤에 과연 투자한 것을 회수할 수 있을지를 냉정히 판단해봤습니다. 그러고는 그 가격으로도 괜찮다는 확신을 하게 됐고 모두를 강하게 설득했습니다.

결국 상대방 경영진과 주주들이 만족하는 동시에 제가 감당할 수 있는 수준의 가격으로 주식을 교환했습니다. 이렇게 함으로써 상대방의 경영진과 주주들도 교세라에 신뢰를 갖고 인수를 크게 환영하게 됐습니다.

AVX는 미국 동부 해안의 사우스캐롤라이나주에 본사를 두고 있었는데 그곳은 동부 해안 지역에서도 가장 보수적인 주로, 일본이라는 나라에 호의를 갖지 않는 곳이었습니다. 이러한 지역에서 미국의 기업이 교세라의 자회사가 된 것입니다. 실제로 AVX가 일본의 회사에 인수된다는 소문이 돌았을 때는 일본인이 경영자 노릇을 하다니, 말도 안 된다는 식의 반응이었다고 합니다.

그러나 이후 제가 처음으로 AVX에 갔을 때는 직원들이 모두 나와 환영해줬습니다. "이나모리 회장님을 환영합니다!"라는 현수막이 공장 곳곳에 걸려 있었습니다. 일본 회사에 별로 호의를 갖지 않았던 사람들이 열렬한 환영을 해준 것입니다. 그 이유는 AVX의 경영진들이 그간의 협상 과정을 직원들에게 설명하면서 "교세라는 훌륭한 이념을 갖춘 예의 바른 회사입니다"라고 말해준 덕분이었습니다. 그러한 마음이 어느새 그곳 직원들을 비롯한 사람들에게도 전해진 것입니다.

이렇게 우호적인 관계를 바탕으로 AVX의 실적은 비약적으로 상승하게 됐습니다. 그로부터 6년 후에는 뉴욕 증권거래소에 재상장을 하는 쾌거를 올렸습니다.

이처럼 직원들이 새로운 경영자를 믿고 따르게 만드는 것이 인수 과정에 있어서 얼마나 중요한 것인지 아셨을 겁니다. 힘으로 상대방을 굴복시키느냐, 또는 부드러운 인간성의 리더십으로 끌어안느냐에 따라 인수 후 경영은 완전히 달라집니다. 인수되는 쪽도 인수하는 쪽도 모두 행복해야만 반드시 성공하는 것이지요.

새롭게 인수한 회사는 권력도, 재력도, 기술력도 아닌 경영자의 덕으로 다스려야 합니다. 저 경영자라면 꼭 함께하고 싶어질 정도의 덕을 쌓아 새 직원들의 마음과 열정을 끌어당겨야 하는 것입니다.

# 핵심기술로 승부하라

**다각화라는 수를 둘 때는 절대로 다른 집을 넘보지 마라.
반드시 현재 살아 있는 돌을 이어가며 수를 둬야 한다.**

저희 회사는 프레스 판금, 용접을 중심으로 성장해온 자동차 시험제작품 생산업체입니다. 저는 유명 자동차회사 연구소에서 연구를 하다가 부친으로부터 일을 이어받아 현재에 이르고 있습니다.

'언제나 한발 앞선 경영'을 모토로 손바닥만 한 크기의 단품 기계 가공품에서 자동차 등에 들어가는 대형 부품까지 취급하고 있습니다. 또한 사업 초기부터 CAD(컴퓨터 보조설계)와 CAM(컴퓨터 보조생산)을 도입해 전

산화에 힘써왔습니다. 적극적인 영업도 성공을 거둬 최근 5년 사이에 매출이 2.5배 이상, 직원도 2배 늘 정도로 성장했습니다. 현재 직원은 150명, 자본금은 2천만 엔입니다.

그러나 컴퓨터 기술이 혁신적으로 발전해 최근 자동차 산업에서는 실제로 물건을 만들지 않은 상태에서도 디자인을 하고 시뮬레이션으로 부재료의 강도를 분석하고 있습니다. 앞으로 컴퓨터 기술이 더 발전할수록 시험제작품의 수요가 줄어들 것으로 예상되고 있습니다. 또한 자동차부품의 표준화, 모델 변경주기의 장기화 등 시험제작품업체의 입장에선 불안요소가 너무 많습니다.

제 생각으로는 회사를 중소기업에서 중견기업으로 성장시키기 위해서는 새로운 분야로 사업을 넓혀 제2의 핵심사업을 만들어내는 것이 중요하다고 생각합니다. 판금 등을 중심으로 하는 시험제작 분야만으로는 시장이 축소됐을 때 매출 감소가 클 것이기 때문에 현재의 기술을 활용할 수 있는 새로운 분야로의 진출을 생각하고 있습니다. 즉 현재 가진 기술을 응용할 수 있는 분야로 사업을 확장하고자 하는 것입니다. 처음에는 항공기업계, 전자기기업계로의 진출을 검토했지만 그쪽에서 요구하는 비용을 맞추지 못하는데다 기술을 갖추는 데 시간이 너무 많이 걸려 단념했습니다.

그래서 저희 회사가 강점을 가지고 있는 자동차업계에서 재료치환이라는 새로운 분야의 기술을 발전시키기로 했습니다. 즉 부품 소재를 금속에서 유기 재료로 또는 유기 재료에서 세라믹스로 전환하는 등 동일 분야의 기술을 확장하는 전략을 택한 것입니다. 그 이유는 지금까지의 고객들을 대상으로 할 수 있고 기술적으로도 공통되는 부분이 많기 때문입니다.

3년 후 신규 사업의 비중이 기존 사업의 35퍼센트, 연 매출은 25억 엔이 될 때까지 키워나갈 생각입니다. 현재는 직원들이 위기의식을 가질 수 있도록 월 2회의 경영회의, 주 1회의 기획회의 등을 통해 진전 상황을 체크하고 있습니다. 지속적으로 직원들에게 신규 사업의 필요성을 강조하고 있으며, 또한 실전을 통해 기술을 연마할 수 있도록 소량이라도 실제로 주문을 받을 생각입니다.

그러나 신규 사업이 생각대로 잘되지는 않고 있습니다. 제품 개발의 스피드와 기술력을 어떻게 하면 향상시킬 수 있을지 매우 고심 중입니다. 새로운 분야에서 사업을 성공시키려면 어떠한 점을 유의하면서 실행해야 할까요?

## 다각화는 험난한 비탈이다

중소기업임에도 불구하고 한발 앞서 CAD, CAM 기술을 도입해 빠르게 실적을 신장시키고 있다는 점에서 귀하는 지금도 충분히 우수하고 선견지명을 가진 경영자라 칭찬하고 싶습니다.

귀하는 자신의 회사를 중소기업에서 중견기업으로 만들고 싶다고 말씀하셨는데 그렇게 기업을 성장시키려면 필연적으로 사업 다각화가 필요합니다. 그러나 다각화라는 것은 높고 험난한 비탈을 오르는 것과 같습니다. 원래의 본업에도 수많은 경쟁 상대가 격전을 벌이고 있는데 다각화를 하면 다시 새로운 싸움터로 진입해야 하기 때문입니다. 이렇게 다양한 사업을 전개하면 힘이 분산돼버리기 때문에 불리한 것이 당연합니다.

저는 예전에 여성 속옷 전문기업 와코루의 창업자 츠카모토 코이치 사장과 다음과 같은 대화를 나눈 적이 있습니다.

"와코루는 여성 속옷 생산으로 크게 성공했으니 이제 겉옷에 진출하는 게 어떻습니까? 똑같이 여성을 고객으로 하는 것이니 충분히 가능하지 않겠습니까?"

이렇게 제가 말하자 츠카모토 씨는 뜻밖의 대답을 했습니다.

"그렇게 간단하면 누가 고생하겠는가. 속옷으로 성공했으니 겉옷으로도 성공한다는 보장은 없네. 파자마 등 잠옷에도 진출했으나 후발주자라 악전고투를 거듭하고 있다네."

한 세대 만에 지금의 와코루를 만들어낸 츠카모토 씨

의 말이라 솔직히 놀랐습니다. 그러나 그의 말이 맞습니다. 여성의류는 기호나 유행의 변화가 심하고 시장도 매우 세분화돼 있습니다. 같은 의류제품이라도 속옷과 의복에서 요구되는 감성이나 디자인은 크게 다르기 때문에 여성 속옷에서 최고 브랜드라 해도 여성의류에서 성공한다는 보장은 없는 것입니다.

때로 언론은 '다각화하지 않는 회사는 망한다' 며 다각화를 유도하는 분위기를 띄우지요. 하지만 무작정 그러한 의견에 따라 다각화에 손을 뻗치면 크게 손해를 입기 쉽습니다. 다각화는 쉽지 않은 일입니다. 최고 경영자에게는 신경이 많이 쓰이는 일이지요.

교세라의 경우 티브이 브라운관에 쓰이는 절연부품 U자 켈시마 제조부터 시작했습니다. 이것은 제가 개발한 파인세라믹스 기술을 바탕으로 한 제품으로 티브이 붐과 맞물려 매출을 늘리는 데 도움을 줬습니다. 그럼에도 저는 기술 향상으로 언젠가 이 제품이 쓸모없어질 것이라는 위기감을 느꼈습니다.

'주문이 끊어지면 직원들은 거리로 내몰리게 된다' 라

는 위기감을 느꼈기에 저는 고객을 찾아다니며, 지금까지 해본 적이 없는 까다로운 제품이라도 무조건 주문을 받아 필사적으로 개발에 몰두했습니다. 그렇게 하니까 생산량이 늘고 직원도 늘었습니다. 그래서 다시 이렇게 늘어난 사람들을 지키기 위해 새로운 분야의 수주가 필요했습니다.

이러한 과정을 반복하면서 회사는 성장을 거듭해 새로운 시장, 새로운 사업을 차례로 개척함으로써 결국에는 휴대전화와 복사기 등의 전혀 다른 분야로까지 다각화를 추진할 수 있었습니다.

지금 이대로는 회사가 망할지도 모른다는 위기감과 헝그리 정신을 추진력으로 저는 차례로 신제품을 개발하고 다각화를 추진했던 것입니다.

## 핵심기술의 연장선상에서 나아가라

제가 이렇게 다각화를 추진하는 가운데 가장 교훈으로

삼은 회사는 가네보였습니다. 가네보는 메이지 시대에 창업한 면방적 회사였습니다. 이후 면방적이 일본의 주력산업으로 떠오르면서 가네보는 성공가도를 달렸습니다. 뿐만 아니라 가네보는 다양한 분야에 진출해 한때 일본을 대표하는 기업으로 꼽힐 정도였습니다.

제2차 세계대전 후 고도성장기가 되자 가네보는 더욱 다각화를 강화했습니다. 젊은 나이에 사장에 취임한 이토 준지 씨는 굉장히 독특한 경영자로 이른바 펜타곤(오각형) 경영이라는, 즉 섬유뿐 아니라 화장품, 약품, 식품, 부동산의 다섯 개 분야를 중심으로 하는 다각화 경영을 내세웠습니다. 전혀 다른 종류의 사업을 병행함으로써 가네보를 더욱 거대한 대기업으로 도약시키려는 계획이었던 것이지요.

그러나 막상 뚜껑을 열어보니 새로 진출한 약품과 식품 등의 사업은 라이벌인 전문기업에 고전을 면치 못했습니다. 새로운 사업이 자리를 잡지 못하는 가운데 이번에는 본업인 섬유업이 석유파동과 엔고로 큰 타격을 입게 됐습니다. 그 결과 흑자 부문은 화장품 사업뿐이었고 그 외의 사업은 실적이 악화돼 차입금만 늘어갔습니다.

본업인 섬유만으로도 경영이 어려운 상황인데 새로운 사업들을 벌이다 보니 마케팅에서부터 기술개발, 설비투자, 자금 조달에 이르기까지 큰 어려움을 겪은 것입니다. 경영자는 일에서 신속한 판단력을 발휘해야 하는데 여러 사업을 벌이면 그것의 한계가 오고 문제가 생길 수 있습니다. 다각화를 할 때마다 회사 경영은 기하급수적으로 힘들어진다고 보면 됩니다.

많은 경영자들은 그럭저럭 먹고 살만 하니 중소기업으로 머물러도 좋다고 생각하는 것이 보통입니다. 그럼에도 미래를 위해 용기를 내어 다각화의 길을 가려면 저는 핵심기술의 연장선상에서 다각화를 추진해야 한다고 생각합니다.

핵심기술이라면 경영자도 그 분야에 정통할 것이고 기술이나 노하우, 유통채널 등의 경영 자원도 이미 보유하고 있으므로 전혀 다른 새로운 분야로 진출하는 것보다는 훨씬 부담이 줄고 기존 사업과의 시너지 효과도 기대할 수 있기 때문입니다. 그래서 저는 바둑에 비유해 '다각화라는 수를 둘 때는 절대로 다른 집을 넘봐선 안 된다. 상대에게 끊기지 않도록 현재 살아 있는 돌을 이어가며 다각화라는 수를 둬라' 고 가르칩니다.

귀하는 이제 막 중소기업에서 중견기업으로의 비탈길을 오르려 하고 있습니다. CAD와 CAM 등의 신기술을 도입하고 실적도 어느 정도 올려놓은 뒤, 자신 있는 자동차업계에서 회사의 핵심기술을 통해 새로운 사업을 전개하려 합니다. 매우 견실한 경영방침이므로 그러한 방향으로 다각화를 추진하면 좋을 것입니다.

## 목표를 세워라

새로운 분야를 개척하고자 하지만 직원들이 위기의식이 부족하고 새로운 주문을 받아와도 제품 개발이나 생산이 좀처럼 진척되지 않는다고 하셨습니다. 물론 신제품이 나오지 않으면 주문이 줄어들므로 회사가 아직 튼튼

할 때 신제품 개발에 박차를 가해야 한다는 식으로 직원들에게 위기감을 가지게 하는 것은 중요합니다.

그러나 신규 사업이 잘 진척되지 않는 이유는 그것만이 아닙니다. 또 한 가지 이유는 새로운 분야의 기술개발이 굉장히 어렵기 때문입니다. 영업부서가 모처럼 고객으로부터 신제품 거래 문의를 받아도 기술개발을 맡은 직원들은 그런 어려움에 신제품 개발을 주저하거나 보류하게 됩니다.

초창기 교세라는 기술력도, 자금력도 부족했지만 저는 새로운 주문을 받으려고 필사적으로 고객을 만나러 다녔습니다. 이름도 없는 영세기업이었기 때문에 거래 문의는 같은 업계의 다른 큰 회사들이 꺼릴 정도의 까다로운 일들뿐이었습니다. 그러한 거래 문의를 저희도 똑같이 거절하면 새로운 주문을 받을 수 없었을 것입니다. 그래서는 회사의 미래가 없다고 생각해 당시의 기술로는 불가능할 것 같은 신제품이라도 무조건 "할 수 있습니다"라고 말하며 주문을 받았습니다.

수주를 받을 때는 "반년 후에는 시험제작이 가능합니

다"라고 주문을 받았지만 실제로 제품이 나오지 않으면 고객들은 두 번 다시 상대해주지 않습니다. 기한까지 자신의 기술이 어느 정도까지 향상될 수 있을지 정확히 예측할 수는 없지만 그 정도의 리스크를 각오하지 않으면 기술을 향상시키는 것은 불가능합니다. 그런 생각에 저는 무리해서라도 주문을 받았습니다.

회사에 돌아와서 곧바로 저는 얼마 되지 않는 기술자들을 모아놓고 이렇게 말했습니다.

"이번에 주문받은 제품은 그 회사 신제품에 쓰이는 제품입니다. 지금까지와는 전혀 다른 신기술이 요구됩니다. 이번에 성공하면 우리 회사의 기술을 비약적으로 향상시킬 수 있는 좋은 기회가 될 것이 틀림없습니다. 지금 있는 설비를 잘 활용하면 충분히 가능할 것이라 봅니다."

하지만 기술자들 중에는 "우리한테는 그런 기술도 없고 장비도 부족합니다"라고 불가능한 이유를 늘어놓는 사람이 있었습니다. 확실히 현재의 기술로는 무리라 생각될 정도의 신제품 수주를 받아왔으니 그렇게 말할 만도 했지만, 그렇다고 체념해버리면 회사의 발전은 기대할 수 없습니다. 그래서 저는 이렇게 말했습니다.

“분명히 지금의 기술이나 능력으로는 어려움이 따를 것입니다. 하지만 인간의 능력이란 노력하면 할수록 발전하는 것입니다. 지금의 생각으로는 불가능한 것도 반년 뒤에는 가능할 수 있습니다. 현재의 능력을 기준으로 판단하면 혁신적인 기술개발은 영원히 불가능하지요. 그러니 좀 더 미래를 보면서 자신감을 가지고 역량을 펼쳐보지 않겠습니까?”

미지의 신기술을 개발할 때 리더는 커다란 목표를 세우고 직원들의 능력을 끌어올리는 것이 중요합니다. 최고 경영자가 결정한 이상 반드시 성공할 것이라 확신을 주면서 직원들을 분발시켜야 합니다. 자신의 능력을 믿는 기술자만이 뛰어난 수준의 기술개발을 성공시킬 수 있습니다.

직원들에게 위기감이 없기 때문에 개발이 잘 안 되는 것이 아닙니다. 인간의 능력은 무한하다고 믿고 귀하가 선두에 서서 모두를 끌고 나가야 합니다. 미래를 보고 어떻게든 다각화라는 꿈을 실현하기 위해 최선을 다해 노력하면 반드시 길이 열릴 것입니다.

# 3

# 파트너십이 중요하다

대학 졸업 후 제가 취직한 쇼후공업은 노사대립이 심해 분위기가 어수선하고 실적도 참담할 지경이었습니다. 이때의 경험을 통해 저는 노사가 대립하면 직원들이 결코 일에서 즐거움이나 행복을 느낄 수 없다는 걸 깨닫게 됐습니다.

그 후 저는 쇼후공업을 나와 1959년 교세라를 창업했습니다. 당시는 노동운동이 활발해 노동자들이 자신들의 권리만을 소리 높여 주장했던 때입니다. 그럼에도 경영자들은 노동자의 처지나 권리를 존중하려 하지 않아 양쪽은 극심한 대립각을 세우고 있었습니다.

특히 교세라가 위치한 교토는 혁신 세력의 힘이 강한 지역 문화를 가지고 있었습니다. 교세라에 입사한 직원들 중에도 노동자는 회사로부터 착취당하고 있다고 편견을 가진 이가 적지 않았습니다. 창업한 지 얼마 되지 도 않았는데 회사가 노사관계로 대립하면 절대로 살아 남을 수가 없겠지요. 그래서 저는 교세라가 노사대립 없이 모든 직원이 일치단결하는 회사가 되기를 진심으로 빌었습니다.

당시 미국에는 '파트너십' 이라 불리는 제도가 존재했습니다. 이 제도는 공동경영자인 파트너가 연대책임을 지고 조직을 경영하는 것입니다. 교세라도 '모든 직원이 경영자' 라는 의식을 가진다면 최강의 회사가 될 것이 틀림없다고 생각했지요.

## 경영이념을 공유하라

모든 직원들이 회사 발전을 위해 서로 협력해나가는 것이 이상적이라 생각한 저는, 어떻게 하면 그런 분위기를 조성할 수 있을지 고민을 거듭했습니다. 이때 회사 내 인간관계의 모델로 삼으려고 한 것이 바로 '가족' 이었습니다. 혈연으로 맺어진 가족처럼 끈끈한 유대관계를 경영에 끌어오고자 했던 것입니다.

저는 회사에서 경영자와 노동자가 대립관계가 아니라 마치 부모자식이나 형제자매와 같은 유대관계를 맺어 서로 돕고 위로하며 고락을 함께해나가고 싶다고 생각했습니다. 서로를 가족이라 생각한다면 경영자는 직원들의 입장이나 권리를 존중하고 직원은 경영자와 똑같이 회사를 위한 일이라 생각하며 행동할 것입니다. 저는 이와 같은 관계를 '대가족주의'라 부르며 경영의 근간으로 삼아왔습니다.

물론 회사 안에서 서로를 가족과 같이 배려하자 호소한다 해도 그것만 가지고는 직원들의 의식이 변하지 않습니다. 그래서 모두의 마음을 하나로 모으기 위해 가장 중요한 것이 노사대립을 극복하고 모든 직원들이 공유할 수 있는 목적과 경영이념이 중요합니다.

교세라는 창업 후 얼마 되지 않아 경영이념을 '전 직원의 행복을 추구함과 동시에 인류 및 사회의 진보와 발전에 공헌한다'로 정했습니다. 이러한 경영이념이 세워지면 회사는 경영자를 위해 있는 것이 아니라 모든 직원의 행복을 추구하기 위해 존재하는 것이 되므로 직원들도 아무런 의심 없이 회사의 발전을 위해 전력을 다할 수 있습니다.

여기서 말하는 '직원'이란 경영자인 저를 포함해 이 회사에서 일하는 모든 사람을 가리킵니다. 이렇게 창업 직후 모든 직원이 공유할 수 있는 경영이념을 확립해둔 것은 교세라가 노사관계를 초월해 일치단결하는 기업 풍토를 만드는 데 확고한 기반이 됐습니다.

## 유대감을 높여라

이에 그치지 않고 저는 직원들과의 개인적인 신뢰관계를 두텁게 하고 또 회사 전체의 일체감을 높이고자 회식 자리를 자주 마련했습니다. 이 회식은 제가 직원들과 격식 없이 의사소통을 하기 위한 자리이자 동시에 제가 가진 생각을 편안하게 얘기할 수 있는 중요한 자리입니다.

직원들 입장에서도 경영자와 술을 마시면서 직접 대화를 나누다 보면 경영자의 사람됨을 엿볼 수 있고 친근감을 높이는 좋은 기회가 되겠지요.

저는 회사를 창업한 후 기회만 있으면 회식 자리를 마련해 편안한 분위기에서 서로 얼굴을 맞대고 술을 주거니 받거니 하면서 일과 인생에 대해 이야기를 나누며 밤을 새웠습니다. 오랜 시간을 들여 되도록 많은 직원들과 이야기를 나눔으로써 서로 신뢰를 쌓을 수 있었습니다.

이렇게 유대감을 소중히 하는 경영 방식은 경영자가 마음만 먹으면 어떠한 회사든지 가능합니다. 실제로 세이와주쿠의 학생들이 경영하는 회사들 중에는 자기 회사의 경영이념을 확립하고 이를 실현하기 위해 직원들과 하나가 되어 노력하는 회사가 많이 있습니다. 이러한 회사들은 어려운 경영 환경에 처하더라도 착실히 실적을 향상시키고 있다고 합니다.

# 직원들의 이해를 구하라

**실적에 따른 급여제는 역효과를 낼 뿐이다.**
**위기 때는 다함께 고통을 분담하면서 그것을 극복하라.**

저는 주유소를 스물네 곳, 이 외에 자동차 정비 공장, 중고차 매매점 등을 포함해 총 29개의 점포를 경영하고 있습니다.

제가 입사했을 당시 석유업계는 갖가지 규제의 보호를 받아 수익을 내기 쉬운 환경이었기 때문에 저희 회사 역시 순조롭게 매출과 이익을 내고 있었습니다. 그런데 석유업계의 규제가 서서히 완화되더니 이윽고 완전히 철폐되는 상황이 벌어졌습니다. 그 후 3년 사이 매출단가가

거의 반으로 떨어졌습니다. 즉 석유를 판매해서 얻는 이익이 절반으로 줄게 된 것입니다.

저는 업계 특유의 안이함에 젖어 있던 회사의 의식을 개혁하고 이익을 향상시킬 방법을 짜내는 데 몰두했습니다. 그 결과 영업비를 늘리지 않고 매출을 늘리는 데 성공했습니다.

그러나 석유 판매에 따른 매출단가는 지금까지 계속 하락하고 있습니다. 정비 공장이나 중고차 판매 등 신규 사업을 계속 확대함으로써 수익 구조를 개선하려 노력해왔지만 아직 투자한 만큼의 이익이 나지 않는 상황입니다.

이 때문에 앞으로 점포를 리빌딩하거나 신규 점포를 내기 위해 필요한 자금도 부족한 상황입니다.

결국 피치 못하게 인건비를 줄일 수밖에 없다고 판단해 조기퇴직제도를 검토해봤습니다. 하지만 제가 사장이 된 후부터 일에 의욕이 없는 직원이나 자신의 능력에 한계를 느끼는 직원은 이미 퇴직해 더는 나갈 사람이 없을 것 같았습니다. 그래서 저는 인원 감축은 하지 않기로 하고 현재의 연공 중심의 급여체계를 직무와 실적을 중심으로 바꾸고자 합니다.

지금까지의 급여체계는 연공서열을 60퍼센트, 실적을 40퍼센트 반영하는 방식을 적용해 그해의 총 이익이 어떻든 성과급에 약간 변화가 있을 뿐 직원들의 수입은 크게 달라지지 않았습니다. 그러나 새롭게 도입되는 급여체계에서는 실적에 연동되는 부분을 60퍼센트, 직무에 따른 부분을 40퍼센트로 조정하려 합니다. 즉 급여의 60퍼센트가 실적에 따라 오르내리는 실적급제로 바꾸겠다는 것입니다.

일단 회사의 총이익을 바탕으로 그해 인건비를 정한 후 이를 실적과 직무에 따라 배분하는 시스템을 도입할 것입니다. 이를 통해 총인건비를 약 3퍼센트 줄일 것이라 예측하고 있으며 이로써 회사가 지속적으로 발전하기 위해 필요한 투자 자금을 확보하게 되리라 봅니다.

일단 이 점에 대해서 직원들에게 양해를 얻은 상태이지만 실제로 도입하게 되면 인사평가에 관한 문제나 실적에 따라 직원 간에 수입이 크게 달라지는 문제로 이런저런 알력이 발생할 수 있다고 생각합니다.

실적급제로의 전환, 괜찮을까요? 그리고 이러한 급여체계를 도입할 때 유의해야 할 점은 무엇입니까?

## 실적급제는 모순을 안고 있다

이것은 직원들에 대한 처우에 있어서 매우 중대한 문제입니다. 경영자가 직원들에게 "실적급제로 바꾸겠습니다. 실적이 좋아지면 급여도 오릅니다. 하지만 실적이 좋지 않으면 급여가 줄 것입니다"라고 설명하면 그럭저럭 이해는 할 것입니다.

그러나 이론은 그럴듯하지만 실제로 실적이 나빠 급여가 크게 줄어들면 어떻게 될까요? 가령 급여가 40퍼센트나 줄어드는 경우가 생기면 새로운 급여제에 대해 동의한 직원들도 금세 큰 불만을 느낄 것입니다.

그러면 경영자는 직원들의 사정을 고려해 40퍼센트 깎을 것도 실제로는 20퍼센트 정도 깎는 선에 그칠 수 있습니다. 이렇게 온정을 베풀면 직원들도 더는 반항하지 않을 것입니다. 하지만 이렇게 되면 이 실적급제 자체가 유명무실해집니다.

실적이 아주 좋은 경우에도 마찬가지입니다. 직원들은 실적이 나쁠 때에는 괴로웠지만 실적이 회복됐으니 급여가 오를 것이라 기뻐합니다. 하지만 급여를 40퍼센트나 올리자니 이번에는 경영자 입장에서 '이렇게 갑자기 급여를 올리면 회사 재정이 흔들리지 않을까' 라고 걱정할 수 있습니다. 분명 자기 자신이 이러한 계산식을 사용하는 급여체계로 바꾸자 말했음에도 정말 괜찮을까 하는 불안감이 들어 실제로는 40퍼센트 올릴 것도 20퍼센트 인상에 그치고 마는 것이지요. 결국 급여가 오를 때나 내릴 때나 모순적인 상황이 발생합니다.

## 이것은 감정의 문제다

그렇다면 합리적인 나라로 통하는 미국의 회사는 어떨까요? 교세라는 미국에 계열사를 몇 개 가지고 있으며

만 명 정도의 직원을 고용하고 있습니다. 미국이니까 급여에 있어서도 합리적인 태도를 가지고 실적급제를 택하고 있을 것이라 생각할지도 모르지만 실제로는 그렇지 않습니다.

일반 현장노동자는 시급으로 계산하고 간부들은 월급제입니다. 급여를 인상할 때엔 비슷한 업종의 임금 수준과 회사 실적을 함께 고려해 평균 임금 인상률을 정합니다. 업계 평균보다는 조금 높은 인상률을 적용하는 편이지요.

물론 회사 안에서는 매우 우수한 실적을 거둔 사람은 평균보다 조금 인상률을 올려주고 열심히 하지 않은 사람은 평균에서 깎는 식의 조정을 합니다. 이를테면 평균 임금 인상률이 4퍼센트라면 우수한 사람은 6퍼센트 인상, 열심히 하지 않은 사람은 2퍼센트 인상이라는 식으로 급여가 인상됩니다. 결국 일본과 같은 연공서열제는 아니지만 미국에서도 매년 급여가 오릅니다.

다만 미국에서는 같은 업무로 채용됐다면 스무 살이건 마흔 살이건 임금의 차이가 없습니다. 같은 일을 하는 경우 일본과 같이 연령에 따른 급여 차이는 없지만 일단 회사에 들어오면 일본처럼 급여가 매년 오릅니다.

한편 임원의 보수는 연봉에 별도로 인센티브를 지급하는 체계로 되어 있습니다. 연봉은 보장돼 있지만 성과급은 실적에 따라 크게 달라집니다. "귀하에겐 20만 달러의 연봉을 지급합니다. 하지만 회사 실적이 작년보다 좋아지면 그만큼 성과급을 지급하겠습니다"라는 식이지요. 가령 올해 회사 실적이 매우 좋아 작년보다 2배의 이익을 냈다고 합시다. 이 경우 연봉과 같은 20만 달러가 성과급으로 지급되는 것입니다.

나아가 상장기업이라면 임원들을 대상으로 한 스톡옵션제도가 마련돼 있습니다. 이를테면 연초에 주가가 20달러인 상태에서 1만 주를 한 주당 20달러에 살 수 있는 권리를 스톡옵션으로 부여한다고 합시다. 회사 실적이 좋아 주가가 금세 20달러에서 50달러로 오르면 이때 스톡옵션 권리를 행사해 한 주당 20달러의 가격으로 1만 주를 삽니다. 그리고 이 주식을 시장에서 팔면 한 주당 30달러, 합계 30만 달러를 벌 수 있습니다. 원래의 연봉 20만 달러에 스톡옵션으로 30만 달러가 추가되는 것이지요.

비록 실적이 안 좋아 주가도 한 주에 20달러 이하로 떨어진다 해도 스톡옵션을 행사하지 않으면 손해를 보지 않습니다. 미국 회사 임원들에게는 이렇게 큰 인센티브가 주어집니다. 그래서 실적이 좋은 경우에는 성과급도 늘고 스톡옵션으로 돈을 벌어 아주 즐거워합니다. 반면 실적이 나쁜 경우 이렇게 불만을 털어놓습니다.

"저는 최선을 다해 일했지만 업계의 경기가 좋지 않아 실적이 떨어진 것입니다. 원래는 성과급도 받아야 하는데 성과급이 제로, 스톡옵션도 제로라니 말도 안 됩니다. 이대로는 정말 일에 대한 의욕을 상실해버릴 것 같습니다. 대책을 마련해주십시오."

그렇게 이론적이고 합리적이라는 미국인도 자신이 받을 돈이 줄면 이론대로 움직이지 않습니다. 실적급제라면서 줄어드는 것은 안 되고 오르는 것만 환영하는 것이지요. 실적이 좋건 나쁘건 간에 급여를 지불하는 쪽만 짐을 지게 되는 게 현실입니다.

미국이든 일본이든 처음 제도를 만들 때에는 '실적이 나쁘면 급여가 줄어드는 것은 당연하다'는 것을 다들 이해합니다. 하지만 급여가 실제로 줄어들면 감정적으로 도저히 이를 납득할 수 없는 것이 인간이라는 것을 명심해야 합니다.

## 모두가 고통을 분담하는 방향으로

귀하는 석유 판매업에서 이익이 잘 나지 않아 신규 사업에 투자하려 생각하고 있습니다. 그래서 투자할 자금을 확보하기 위해 실적급제로 바꾸려 한다고 하셨습니다. 결국 귀하는 인건비를 삭감함으로써 이익을 늘리려는 생각이므로, 실적이 좋아진다 해도 이에 연동해 임금을 올리려는 생각은 처음부터 하지 않았을 거라고 생각합니다.

분명히 지금 귀하의 회사는 수익성의 저하가 큰 문제입니다. 하지만 수익이 오르지 않는 원인은 석유 제품의 매출단가가 하락한 탓이지요. 따라서 이러한 경우 귀하가 해야 하는 일은 생산성을 향상시키는 것입니다. 지금까지 두 명이 하던 일은 한 명이 하고 한 명이 하던 일은 절반의 시간만 사용해 처리하는 수밖에 없습니다.

그렇지만 귀하는 이미 지금까지 조기퇴직이나 의식 개혁을 단행해왔으므로 지금보다 생산성을 높이는 것이 간단하지 않다고 느끼고 있습니다. 그래서 실적급제의 도입을 생각하고 있는 것 같은데 저라면 그렇게 하지 않을 것입니다.

그 이유는 실적급제를 실시하는 것은 직원들의 마음을 심란하게 만들기 때문입니다. 실적이 좋은 부문에 배속되면 기뻐하겠지만 실적이 나쁜 부문에 속한 직원은 아무리 열심히 해도 급여가 줄어들 것입니다. 경영자를 중심으로 모든 직원이 최선을 다하고 있는 상황에서 실적급제를 도입한다면 분명 회사의 분위기가 흐려질 것입니다. 그럴 바에는 직원들에게 회사의 상황을 충분히 설명한 후 모두가 고통을 분담하는 방법을 택하는 것이 좋습니다.

"매출단가가 떨어져 이대로는 이익이 남지 않습니다. 주요소에는 적어도 한두 명의 직원은 필요하므로 지금보다 더 생산성을 높이기도 쉽지 않습니다. 이러한 상황에서 벗어나기 위해선 신규 사업을 벌이는 수밖에 없는데, 현재 자금이 부족합니다. 대단히 미안하지만 당분간은 사장인 저는 물론 여러분의 급여도 일부 삭감해야 할 것 같습니다. 그사이 모든 직원이 힘을 모아 어떻게든 신규 사업을 궤도에 올려봅시다. 분명히 적정한 수익을 낼 수 있는 시대가 올 것입니다. 그때까지는 임금을 삭감하더라도 참고 견뎌줬으면 합니다."

이렇게 설득하면 직원들도 충분히 이해할 것입니다.

## 이해하고 설득하라

일본경제가 고속성장하던 무렵 인플레 탓에 임금이 매년 10~20퍼센트 이상 오르는 상황이 몇 년이나 지속된 적이 있습니다. 이러한 상황에 불을 지피듯 제1차 오일쇼크가 터져 전 세계에 불황의 파도가 엄습하고 일본도 극심한 인플레이션을 맞게 됐지요. 일본은 가공무역으로 일어선 나라이기 때문에 이러한 상황에서 임금을 계속 올리면 수출 경쟁력을 잃고 경제가 쇠퇴하게 됩니다.

교세라도 역시 오일쇼크에 직격탄을 맞았습니다. 당시 교세라도 매년 20퍼센트씩 임금을 올리고 있었는데, 수주가 급감해 그대로 임금을 계속 올리다간 경영이 한계에 부딪힐 위험이 있었습니다. 이것을 걱정한 저는 교세라의 노동조합을 찾아 이대로 가다간 회사가 위기에 빠질 것이니 1년간 임금을 동결했으면 한다고 설득했습니다. 조합 측에선 다행히 이를 받아들였습니다.

결국 교세라는 1년 후 실적이 급속히 회복돼 매우 훌륭한 매출을 올리게 됐습니다. 그래서 임금동결 이듬해에 동결한 임금분까지 더해 임금을 인상하고, 성과급을 지급해 직원들에게 1년 전 진 빚을 모두 갚았습니다.

이렇게 회사가 처한 상황을 확실하게 설명하면 직원들도 충분히 이해할 수 있습니다. 저는 직원 수가 20명을 조금 넘는 규모일 때부터 이렇게 해왔으니까 지금의 귀하도 충분히 가능한 일입니다. 이렇게 하는 것이 장기적으로 보면 직원들의 회사에 대한 신뢰감을 높일 수 있는 방법이지 않을까 생각합니다.

# 모두가 참여하는 경영을 하라

**회사를 이끄는 사람이 경영자 혼자가 되어서는 안 된다.
직원들에게 프로의식과 책임감을 심어주고 적극적으로 일하도록
파트너십을 끌어내라.**

저는 회계법인에서 근무하다가 독립해 공인회계사 사무소를 개설했습니다. 하는 일은 회계처리와 세무신고 대행을 중심으로 상속세 신고 대행 및 감사, 컨설팅 등을 맡고 있습니다. 현재 자본금은 천만 엔, 직원은 10명입니다.

저는 일의 생산성과 잔업에 대해 질문하려 합니다. 선배의 조언도 있고 해서 저희 사무소는 창업한 후로 정시인 5시에 업무를 종료하고 잔업은 일절 하지 않는 방침을

취해왔습니다. 대신 아침 9시부터 저녁 5시까지 업무시간에는 직원들이 집중적으로 근무해 생산성을 끌어올리도록 해왔습니다.

생산성을 재는 척도로는 개인별로 담당 고객당 매출을 파악하고 여기에서 인건비 등을 뺀 공헌 이익을 계산해 부문별 손익계산서를 작성하고 있습니다. 적은 금액이지만 성과배분을 실시하고 있고 경영 목표와 성과배분의 관계를 명확히 하기 위해 월차 결산 및 개인별 매출액을 공개하고 있습니다.

저의 경영방침에 대한 이해를 구하고자 월 2회 회식을 실시해 직원들과 커뮤니케이션을 시도하고 있습니다. 그 결과 직원들도 저의 경영방침을 조금씩 이해하고 서로 친밀감을 가지고 대할 수 있게 됐습니다. 그중 몇 명은 특별히 매우 협력적이고 긍정적인 자세를 보여주고 있습니다.

매출액은 매년 10~15퍼센트 정도 늘고 있지만 간단한 업무는 시간제 직원에게 맡김으로써 직원들이 되도록 잔업을 하지 않도록 하고 있습니다. 그러나 경영이 그만큼 여유로운 상황은 아닙니다. 그래서 현재의 인원으로 경영을 계속해나가려면 적극적으로 영업활동을 실시하는 동시에 이번 연도 중에는 잔업을 실시해야 할 것으로 보입니다.

직원들 중에는 이전부터 잔업을 하겠다는 말을 꺼내는 이도 있었으나 저는 '정시에 끝낼 수 있도록 계획을 세우고 업무 생산성을 높이면 충분히 정시까지 모두 처리할 수 있다'는 경영방침을 바꾸지 않았습니다.

저는 잔업을 실시함으로써 지금까지 높여온 생산성이 저하되지는 않을까, 또 잔업수당에만 관심을 두는 사람이 나오지는 않을까 하는 불안감을 가지고 있습니다. 반면 제가 이런 생각을 하는 것 자체가 직원들과 가족 같은 인간관계를 만들려는 생각에 모순된다고 느껴지기도 합니다.

경영자가 직원들을 믿지 못하면 직원들도 경영자를 믿지 못합니다. 지금은 표면적인 인간관계에 그치고 있는 것은 아닌가라는 반성이 들기도 해서 잔업을 인정해야 할지 망설이고 있습니다. 생산성 향상을 위한 잔업 금지, 과연 괜찮을까요?

## 대립구도를 만들어선 안 된다

귀하의 질문에는 근본적인 문제가 담겨 있습니다. "직원들이 계속 잔업을 해서 잔업수당을 챙겨 가면 경영이 제대로 되지 않으니, 직원들이 정시까지 일을 끝내도록 하는 게 좋다"라는 조언을 받았습니다. 그래서 정시까지 부지런히 일을 시켜 성과를 올리면 된다는 생각을 가지고 있습니다. 그런데 이러한 방식은 필연적으로 자신만이 경영자이고 나머지는 모두 하수인이라는 구도를 낳습니다.

이런 상태에서는 당연히 노사관계에 틈이 벌어지므로 직원들로 하여금 경영에 동참시키는 파트너십을 유도할 수 없습니다. 물론 저는 귀하가 의욕에 넘치다 보니 이러한 방식을 취하고 있다는 생각이 듭니다. 그 증거로 귀하는 아침 9시부터 저녁 5시까지 최선을 다해 일해 성과를 내면 그렇게 나온 이익은 실적에 연동해 성과배분을 하는 방식을 취하고 있습니다.

원래 자본주의는 유럽에서 시작됐는데 이때 경영자

가족만이 오너이고 나머지는 모두 하수인이라는 대립구조가 생겼습니다. 이윽고 주식회사라는 형태가 만들어졌으나 경영자와 노동자 사이의 이익 대립은 계속됐습니다. 그래서 주식회사에서 임원제도가 고안된 것입니다.

임원제도에서는 경영자가 신임 임원에게 "귀하는 오늘부터 경영에 참여하는 사람이 됐습니다. 사장과 같은 입장에서 회사를 지켜주십시오"라고 말하고 공동경영자를 늘려갑니다. 그렇게 하면 임원이 된 사람이 최고경영자와 같은 책임감을 가지고 저녁 늦게까지 열심히 일할 것이라 생각하기 때문입니다. 그렇지만 실제로는 임원이 돼서도 월급쟁이 근성이 몸에 남아 있어 시키는 일만 하려는 임원들이 있기 때문에 주식회사 중에도 성과를 잘 올리지 못하는 곳이 많습니다.

## 전원참여 경영을 도입하라

제가 스물일곱 살에 교세라를 설립했을 때 저는 대표이

사 겸 기술부장이 되고, 설립을 지원해준 미야기전기의 미야기 오토야 씨는 사장 직을 맡았습니다. 전무는 이전 회사를 같이 사직한 아오야마 마사지 씨가 맡았고요. 그러한 체제로 시작했으나 미야기 사장은 경영에 관한 상담은 해주지만 매일 회사에 출근하는 것은 아닌데다 전무인 아오야마 씨가 있음에도 불구하고 실제로는 기술부장인 제가 제조 및 영업, 개발을 혼자서 관리하는 상태였습니다.

회사를 이끄는 사람은 저를 포함해 세 명밖에 되지 않고 나머지는 모두 일반 직원이었습니다. 이러한 상황이었던 터라 저는 경영자로서의 고독을 견디기가 힘들었고 경영도 잘될 리 없었습니다. 그래서 제가 생각한 것이 바로 전원이 힘을 합쳐 회사를 경영하는 '전원참여 경영' 이었습니다.

회사를 가마에 비유하면 보통의 회사에서는 사장 혼자 가마에 올라타고 직원들이 가마를 끕니다. 그렇게 시간이 지나면 직원들은 지치기 마련이고, 가마 위에 타고 있는 사람은 언제 내동댕이쳐질지 몰라 걱정을 하게 됩니다. 저는 경영자의 입장에서 그러한 걱정을 할 바엔 가마에 올라타지 말고 모두 함께 가마를 끌자고 생각했습니다. 즉 회사라는 가마를 전원이 참가해 끌고 나가는 전원참여 경영을 실시하기로 한 것입니다.

만약 기업 중에 전 직원이 경영자가 되는 방식을 취한 곳이 있다면 그 기업은 최강의 사업체가 될 테지만, 유감스럽게도 일본에는 그러한 경영 형태가 존재하지 않습니다. 그래서 교세라는 모든 직원이 서로 배려하고 고락을 함께하는 가족 같은 유대관계를 바탕으로 하는 '대가족주의' 경영을 내세웠던 것입니다.

## 자신의 일에 책임감을 가지도록

아직 교세라가 주식을 상장하기 전, 저는 모두가 공동경영자라는 경영 스타일을 실현시키고자 모든 직원에게 주식을 사도록 했습니다. 하지만 임원들의 반대가 심했습니다.

"당치도 않습니다. 상장되지 않은 회사 주식을 모든 직원에게 넘겨주는 것은 위험한 일입니다. 주식이라는 것은 대단한 위력을 가지고 있습니다. 처음에는 선의를 가진 직원들이 가진다 해도 언제 다른 사람의 손에 넘어가 위험한 일을 당할지 모릅니다."

그럼에도 저는 모두가 주식을 가지도록 했습니다. 이에 모든 직원들이 감동해 결국 회사를 위해 더욱더 열심히 일하게 됐던 것이지요.

저는 혼자 회사를 경영하는 것이 아니라 직원들을 파트너라 생각하고 모두의 지혜를 모아 협력해 회사를 발전시켜왔습니다. 귀하도 전원이 참여하는 경영의 중요성을 깨닫고 경영방침을 되돌아볼 시기에 와 있습니다.

## 프로다운 급여체계를 도입하라

또 한 가지 말씀드릴 게 있습니다. 교세라는 미국에 자회사를 두고 있어 현지의 회계 사무소를 자주 이용하고 있습니다. 그곳 회계사는 프로다운 태도로 고객의 요구만 있으면 새벽이라도 업무에 응합니다. 자신의 일에 그만큼 프로의식과 책임감을 가지고 일하며 보수도 그만큼의 금액을 요구합니다.

이에 반해 귀하의 회계사 사무소의 경우 같은 일을 하고 있음에도 불구하고, 아침 9시부터 저녁 5시까지 일하면 끝이라는 사고방식은 프로의식이 결여돼 있다고밖에 생각되지 않습니다.

그러므로 귀하는 직원들에 대한 태도를 바꿔 직원들을 프로로서 대접하는 동시에 그들이 프로답게 일하도록 해야 합니다. 프로다운 능력을 발휘하도록 급여체계를 바꾸면 직원 스스로도 자각이 생길 것입니다.

# 칭찬을 아끼지 마라

**회사는 합리적으로만 경영할 수 있는 것이 아니다.
보수로만 사람을 움직이려 하지 말고
직원들에게 칭찬과 영예를 안겨 동기를 부여하라.**

저는 스핀 아웃(spin out, 기업의 한 부서에서 갈라져 나와 전문회사를 만드는 것-옮긴이)을 통해 광센서를 만드는 회사를 네 명과 함께 창업했습니다. 이후 12년째 되는 해에는 장외시장 공개를 이뤄냈습니다.

이런 경험 때문에 저는 회사는 '회전무대'라 생각하고 있습니다. 회사라는 무대에서 활약하다가 자신감을 얻으면 직원들이 스핀 아웃으로 나가도 괜찮다고 생각합니다. 직원 모두가 자신감을 얻는 과정에서 회사에 성과를 안겨주므로 이러한 입장을 저는 고수하고 있습니다.

저희 회사는 최근 목표관리(MBO)를 도입해 임금을 연봉제로 바꿨습니다. 또한 급여체계도 매출액에서 변동비를 뺀 한계이익의 몇 퍼센트를 기본 급여로 하고, 저 역시 그중 몇 퍼센트로 명확히 하고 있습니다.

그러나 이런 방법은 엔고 등 외부 환경의 급격한 변화에 따라 매출이 목표치에 이르지 못할 경우 급여도 크게 달라진다는 문제가 있습니다. 이것을 어떻게 해결해야 좋을지가 첫 번째 고민입니다. 그리고 두 번째, 수치적인 목표를 정하기 힘든 간접부문은 어떻게 하면 좋을지 입니다. 목표관리를 통한 임금제도의 문제점을 어떻게 해결하면 좋을까요?

## 합리적인 임금제도 역시 한계를 지닌다

인텔리라 불리는 사람들이 걸려들기 쉬운 함정에 빠진 듯합니다. 저도 회사를 시작했을 때 제 자신이 기술자 출신이고 합리적인 사고방식을 가졌기 때문에 급여에 대해서도 합리적으로 생각해야 한다고 생각했습니다. 하지만 머지않아 그러한 사고방식을 고쳐야 했습니다.

연공서열로 이뤄지는 임금제도는 원래 나이 많은 간부는 능력과 별개로 높은 급여를 받을 수 있고, 반면 입사한 지 얼마 안 된 직원들은 아무리 재능이 있다 해도 그다지 많은 급여를 받지 못하는 제도입니다. 능력과 재능이 넘치는 젊은 사람일수록 이렇게 불합리한 임금제도가 널리 통용되는 것이 과연 옳은가라는 불만을 가지기 충분합니다.

특히 하이테크 관련 사업을 하려면 젊고 우수한 기술자를 끌어모아야 합니다. 그래서 귀하는 합리적이고 매력적인 임금제도를 내놓지 못하면 우수한 인재를 끌어들일 수 없다는 생각에 목표관리를 통한 연봉제를 도입했을 것입니다.

확실히 귀하의 회사가 마련한 임금제도는 합리적이라 생각하지만 원래 임금제도라는 것은 그렇게 합리적으로 만들 수 있는 것이 아닙니다. 이것을 합리주의로 파악하려 하면 지금 질문하신 바와 같은 문제가 발생하는 것이지요.

## 강한 기업을 만들려면

귀하의 말씀을 들으면서 "회사는 인생에 있어 회전무대 같은 것"이라는 말씀이 재밌게 와 닿았습니다. 그런데 직원들이 스핀 아웃으로 나가도 괜찮다고 말씀하셨는데, 지금은 귀하의 회사가 기술적으로 앞서 있기 때문에 그렇게 태연히 말할 수 있는 것이라는 생각이 듭니다. 만약 귀하의 회사 기술자들이 계속해서 스핀 아웃으로 나가는 일이 벌어진다 생각해보십시오. 회사는 순식간에 기울어져버릴 것입니다.

회사 안에 인간적인 유대감이 없으면, 한 번 기술이 뒤처질 경우 회사는 경쟁력을 잃고 와해되고 맙니다. 경영자들 중에는 "우리의 기술은 항상 다른 회사보다 한두 발 앞서고 있다"며 자신감에 넘쳐 말하는 사람이 있습니다. 확실히 그것은 이상적인 이야기일 순 있지만 지금처럼 기술 진보가 빠른 세상에서 그렇게 간단할 것이라고는 생각하지 않습니다. 기술만 강한 회사는 의외로 허약해서 그 기술을 압도하는 신기술이 나오면 그 우위성이 순식간에 소멸되지요.

강한 회사라 함은 기술뿐 아니라 종합적인 역량이 뛰어난 회사입니다. 기술력, 판매력, 직원들의 인성, 인간관계 등 모든 것이 훌륭해야 비로소 강한 회사가 되는 것입니다. 한 가지 기술로 흥한 회사는 어차피 그 기술과 함께 사라져가므로 기술만을 중시하는 사고방식은 잘못된 것입니다.

## 외부 변수는 항상 존재한다

급여를 주는 것도 마찬가지입니다. 기본적인 급여를 결정하는 계산식을 만들고 거기에 경영자 급여까지 계산하는 방침을 정했습니다. 기본 급여는 한계이익에 연동

되므로 "열심히 해서 이익을 늘리면 여러분에게 많은 급여를 지급하겠습니다"라는 식으로 의욕을 끌어내려 합니다.

그런데 엔고라는 외부 환경의 변화로 실적이 저하됐다고 합시다. 그러면 직원들은 "실적 저하는 저희들 탓이 아닙니다. 엔고로 이익이 줄어든 것은 저희들의 노력과는 관계가 없습니다. 그러니까 급여에 그 영향을 반영하는 것은 너무합니다"라고 말할 것입니다. 귀하의 회사는 지금까지 실패 없이 승승장구하며 성장해왔기 때문에 아직 이런 일은 겪어보지 못했을 것입니다. 하지만 저는 이렇게 자신들의 노력과 상관없이 외부 환경의 변화로 실적이 저하되는 상황이 발생한다는 점 때문에 급여체계를 정할 때 실적 배분을 바탕으로 한 계산식을 만들지 않았습니다.

교세라에는 실적이 좋은 사업과 부문이 많이 있지만 실적에 따라 직접적으로 급여나 성과급이 좌우되도록 하지는 않습니다. 실적이 일시적으로 좋다고 해서 특정한 부문의 급여를 갑자기 올리면 다른 부문의 사람들이 질투심을 느끼게 됩니다. 급여를 올림으로써 더 열심히 하려는 사람보다 이로 인해 불평하는 사람이 더 많다면 수지가 맞지 않는 장사지요. 또한 실적이 나쁘다 해서 급여를 내리면 그 부문의 사람들은 더욱 낙담하게 되므로 실제로 급여를 크게 내리는 일도 쉽지 않습니다. 급여를 줄이는 일이 가능하지 않다면 인건비는 일방적으로 커지기만 합니다.

예전에 저와 같은 시기에 회사를 시작한 사장이 있었습니다. 일류대학을 나온 기술자 출신의 명석한 사장이었지요. 그 회사에서는 사장을 포함해 급여는 전부 자기신고와 협의를 통해 정하는 '자기신고제 급여'를 만들어 큰 화제가 된 적이 있습니다.

저는 그 사장과 가까웠기 때문에 이렇게 말했습니다.

"자기신고 급여라는 것은 이상론일 뿐 잘될 리 없습니다. 인간은 욕망으로 똘똘 뭉친 존재입니다."

그러나 사장은 이 말을 무시하고 원칙을 고수했습니다. 결국 그 급여제도는 잘 운영되지 않았고 그는 사장의 자리에서 물러나야 했습니다.

저 역시 기술자 출신이기 때문에 처음에는 급여를 결정하는 규칙을 좀 더 합리적이고 설득력을 가지도록 만들고 싶었지만, 이러한 모순적인 상황이 발생할 것을 예상했기 때문에 반대로 연공서열적인 요소가 남아 있는 임금제도를 택했습니다.

## 부가가치 지표를 주목하라

인간은 욕망 덩어리이기 때문에 임금제도의 문제뿐 아니라 각 부문의 이익이 공개되는 것만으로도 회사 안의 인간관계가 악화될 수 있습니다.

만약 각 부문의 이익을 공개하면 "우리 부서는 이번 달에 1억 엔의 이익을 올렸는데 당신 부서는 백만 엔의 이익밖에 올리지 못했군" 하는 식으로 이익을 많이 올린 부서가 위세를 부리게 될 것입니다.

같은 회사 안에서 그런 말이 오가면 회사 분위기가 당연히 좋을 리 없습니다. 교세라는 '아메바 경영' 이라 불리는 소집단으로 이뤄진 부문별 독립채산제를 실시하고 있습니다. 그러나 이익을 전면적으로 공개하는 것이 아니라 한 시간당 얼마만큼의 부가가치를 창출했는지를 나타내는 시간당 부가가치를 채산성 지표로 사용하고 있습니다.

이 지표의 계산 방법은 먼저 매출에서 인건비를 제한 모든 경비를 차감한 부가가치인 차감매출을 계산한 후, 그 차감매출을 총노동시간으로 나눠 시간당 부가가치로 계산합니다. 즉 현장의 각 부문 채산 상황을 이익이라는 딱딱한 표현이 아니라 시간당 부가가치라는 다소 유연한 지표로 표현하는 것입니다.

## 모두의 행복을 추구하라

저는 금전적인 수단만으로는 인간에게 동기부여를 하는 것이 불가능하다고 생각했기 때문에 열심히 일해서 높은 시간당 부가가치를 창출하고 회사에 공헌한 사람들에게는 공개적으로 영예를 부여하는 방식을 취해왔습니다.

간접부문 역시 마찬가지입니다. 간접부문은 직접부문을 지원하지요. 총무, 경리, 자재 등의 간접부문 직원들이 최선을 다해 지원했기 때문에 현장에서 높은 시간당 부가가치를 달성할 수 있는 것입니다. 그러므로 직접부문은 자신들을 위해 봉사하는 간접부문 직원들에게 감사와 존경의 마음을 가지고 그들의 일을 높이 평가해야 합니다. 시간당 부가가치라는 채산지표는 없지만 저는 간접부문 직원들도 공평하게 처우하는 방침을 세웠습니다.

이처럼 저는 각 부문의 실적을 직접 반영해 성과급이나 처우에 차이를 두는 일은 하지 않았습니다. 대신 회사의 실적이 크게 올랐을 때에는 모두의 노력에 대해 공평하게 보상하기 위해 모든 직원에게 임시 성과급을 지급하는 방식을 취했습니다.

귀하의 회사는 우수한 기술을 가진 데다 수익성도 높아 훌륭히 성장해왔습니다. 하지만 회사 경영은 귀하가 말한 것처럼 합리적으로만 운영할 수 있는 것이 아니며 회전무대는 더더욱 아닙니다.

능력이 있는 사람에게는 그에 상응하는 급여를 지불하겠지만 언제라도 싫어지면 그만둬도 좋다는 식의 삭막한 경영 방식으로는 회사가 장수할 수 없습니다. 귀하의 회사는 보수만으로 사람을 움직이려 하지 말고 칭찬과 영예를 안김으로써 직원들에게 동기를 부여하는 방식을 도입해야 합니다.

그렇게 해서 귀하가 만든 회사를 개인을 위한 회전무대로 삼는 것이 아니라 모든 직원이 마음을 하나로 모으고 모두의 행복을 추구하는 무대로 삼아야 할 것입니다.

# 신뢰 회복에 힘써라

**직원들에게 어려운 상황을 솔직히 말하고 이해를 구하라.
그리고 필사적으로 노력해 무너진 신뢰를 회복해야 한다.**

인원 감축에 대해 질문하겠습니다. 현재 저희 회사는 측량, 조사, 토목설계, 보상 컨설팅, 등기 업무 등의 일을 하고 있습니다. 영업소는 여섯 곳입니다.

지금까지 순조롭던 공공사업이 줄어들기 시작해 매출이 30퍼센트 이상 떨어져 경영이 어려운 상황입니다. 저도 공공사업이 줄어들 것이라는 걸 예측하고는 있었지만, 너무 급격하게 매출이 떨어진 탓에 적절히 대처하지 못한 것에 대해 경영자로서 안이했다고 느끼고 있습니다.

현재 신규 고객을 유치해 매출을 끌어올리는 동시에 경비를 줄이고 있으나 매출이 기대만큼 늘지 않습니다. 게다가 서비스업 특성상 매출의 40~50퍼센트를 인건비가 차지하고 있기 때문에 경비를 줄이려면 아무래도 인건비 삭감을 고려하지 않을 수 없습니다. 그래서 굉장히 유감스럽게 생각하고 있으나 작년에는 기술자 여섯 명을 해고했습니다. 게다가 올해는 임금도 삭감했습니다. 제가 25퍼센트, 임원 10퍼센트, 관리직 7퍼센트, 직원은 1~5퍼센트씩입니다.
해고나 임금 삭감에 대해서는 일부 반대 의견도 있었지만 결국 임원회의와 관리직회의 등 논의를 거듭해 어느 정도 이해를 구한 상태에서 실시했던 것입니다. 그런데 한 간부 직원이 "경기가 좋을 때는 직원을 늘려놓고 경기가 나빠지면 줄이는 일은 누구나 할 수 있다"는 식으로 저를 비판했다는 것입니다. 이것을 전해듣게 된 저는 크게 동요했습니다.
그 발언은 결국 경영자로서의 제 자질을 의심한 것이라 생각합니다. 그동안 창업 당시의 초심을 잊어버리고 사리사욕에 물든 채 경영해온 것은 아닌가라고 반성하고 있습니다. 앞으로 이것에 대한 대책으로는 우선 매출 감소를 최소한으로 억제하는 것입니다. 공공투자의 격감은 어쩔 수 없는 일이긴 하지만 영업직원뿐 아니라 제 스스로 선두에 서서 전원이 영업활동에 나서야 한다고 생각합니다. 또한 채산이 나지 않는 영업소를 폐쇄하고 간접부문을 축소하며 모든 경비를 철저히 줄일 생각입니다.

그래도 충분치 않다면 유감스럽지만 인원을 줄일 수밖에 없는 상황입니다. 다음 분기 이후의 실적을 예상해봤을 때 현재 마흔세 명의 직원 중 열 명 정도를 줄여야 합니다.

직원들과의 신뢰관계를 생각하면 당연히 망설여집니다. 이러한 경우 회사를 지키기 위해 인원 감축을 하는 것이 맞는지, 경영자로서의 진정한 용기를 가진 결단인지 모르겠습니다. 어떻게 해야 할까요?

## 회사의 어려운 상황을 솔직히 설명하라

수주가 극적으로 줄어들고 경비를 아무리 줄여도 나아질 기미가 안 보여 어쩔 수 없이 해고를 했다. 경영자는 원래 부하로부터 존경받아야 하는데 부하의 신뢰를 잃은 자신을 발견하고 인원 감축을 망설인다…….

지금 귀하의 처지라면 누구나 곤란함을 겪을 것입니다. 경영자가 가진 권력으로 모두를 강력히 끌고 나가는 것은 가능한 일이지요. 하지만 그것이 진정한 경영이라 할 수는 없습니다. 귀하는 직원들에게 존경받고, 신뢰받을 수 있는 경영을 꿈꾸고 있기 때문에 자신의 자질을 의심한 부하의 발언을 듣고 크게 반성하고 있습니다. 양심적인 경영자일수록 당연히 그럴 것입니다.

귀하의 경우 국가의 공공투자 증가 덕분에 지금까지 순풍에 돛을 단 듯이 사업을 확장할 수 있었습니다. 수익도 많고 직원 수도 적기 때문에 사람들을 이끌어가는데 큰 고생을 겪지 않았을 것입니다.

제조업의 경우 관리직부터 현장직까지 다양한 직원

들이 있습니다. 이 사람들을 이끌고 나가려면 직원들로부터의 신뢰와 존경이 필수적입니다. 이를 위해서는 경영자 자신이 먼저 필사적으로 노력하면서 직원들에게도 "우리 회사는 이러한 목적으로 경영합니다. 사회에 대해 이러한 사명이 있습니다. 이 사명을 달성하기 위해 우리는 이러한 자세를 가져야 합니다"라고 호소해야 합니다.

평소에 이러한 이야기를 통해 직원들의 신뢰와 존경을 받고 있다면, 비록 귀하가 그만두게 할 직원들을 불러 회사가 이러한 사정이므로 해고할 수밖에 없다고 말한다 해도 그 괴로운 마음을 충분히 헤아릴 것입니다. 반면 "어떻게 이럴 수 있느냐"라는 식으로 반응하는 사람이 나타난다면 귀하의 평소 경영 방식이 올바르지 못했다는 뜻이 됩니다.

최선을 다해 경비를 삭감했는데도 인건비에 손을 대야 하는 상황이 됐다면 이제는 어쩔 수 없습니다. 인원 감축은 사리사욕으로 하는 것이 아닙니다. 어려움을 겪으며 모든 직원을 지키는 것이 옳은가, 감원을 통해 남은 직원들을 보호하는 것이 옳은가 하는 고민 끝에 나온 결단인 것이지요.

그럼에도 열 명의 인원 감축을 단행하면 귀하에 대한 비난은 거세질 것입니다. 그러므로 직원들을 모아놓고 회사의 어려운 상황을 솔직히 설명해야 합니다.

"여러분도 알다시피, 회사는 지금 아주 어려운 상황에 몰려 있습니다. 어떻게든 경비를 줄여야 합니다. 만약 노력했음에도 경비가 줄지 않는다면 회사를 살리기 위해 열 명 정도의 인원을 감축할 수밖에 없습니다. 너무 비정하다 생각할지도 모르겠습니다. 하지만 이렇게 해서 남은 사람들끼리 잘먹고 잘살자는 생각은 털끝만치도 없습니다. 회사와 다른 사람들을 살리기 위한 길이니 모쪼록 이해해주십시오."

이렇게 모든 직원이 납득할 때까지 계속해서 설득해야 합니다.

제 부친은 전에 인쇄소를 경영하셨는데 전쟁 중 공습으로 모든 것을 잃게 됐고, 저희 가족은 허름한 집을 지어 생활하는 밑바닥 생활을 겪어야 했습니다. 생활비가 모자라 여동생은 제가 대학에 들어가자 고등학교를 도중에 그만둬야 했습니다. 그렇게 형제들끼리 도와가며 살아오면서 누구 하나 빗나가거나 비뚤어진 사람은 없었습니다.

보통 가난해서 생활비가 충분치 않은 집 아이들은 비뚤어질 것이라 생각하기 쉽습니다. 하지만 가난한 집의 아이일수록 의외로 그렇지 않습니다. 가난한 집에서는 부모가 자식에게 사정을 잘 설명하고 자식도 스스로 집안 형편을 잘 이해하게 되지요. 그렇게 고생을 겪으며 자란 아이는 어려움 없이 자란 아이보다 훨씬 제대로 된 어른으로 성장하기 마련입니다.

이처럼 귀하는 회사의 어려운 상황을 솔직히 전달하고 진실하게 이해를 구해야 합니다. 그리고 반드시 필요한 경우라면 용기를 내 과감히 인원 감축을 단행해야 합니다.

## 무너진 신뢰를 재구축하는 열쇠를 찾아라

가장 중요한 것은 직원들이 경영자를 신뢰하고 존경하고 있느냐는 것입니다. 이러한 신뢰와 존경이 없으면 경영자는 오로지 권력을 가지고 직원들을 억누르는 존재가 되고 맙니다.

저는 늘 직원들과 술을 주고받을 것을 강조하는데 회사를 이끌고 나가려면 술을 함께 마시면서 마음을 터놓고 이야기를 나누는 자리를 갖는 것이 중요합니다. 만약 어려움을 겪는 직원이 있으면, '사장님이 마치 부모님처럼 내 걱정을 해주시는구나' 라는 생각이 들 정도로 상담을 들어주십시오. 이러한 마음 씀씀이가 상대방에게 신뢰와 존경을 안겨줍니다.

인원을 감축한 뒤에는 조촐해도 좋으니 반드시 회식자리를 마련하십시오. 술을 마시면서 "배를 가르는 심정으로 인원 감축을 했습니다. 하지만 결코 이대로 있지는 않을 것입니다. 그만둔 직원들을 재고용할 수 있도록 회사를 재건시키겠습니다" 하고 결의를 표명하고 신뢰를 회복할 수 있도록 필사적으로 노력하십시오. 굉장히 힘든 상황이지만 직원들을 위해 참고 견뎌내길 바랍니다.

# 4

# 인재를 키워라

중소기업 중에는 경영자가 스스로 회사 전체를 도맡아 관리하는 경우가 많습니다. 하지만 회사가 커질수록 모든 부문을 경영자 혼자 지휘하는 것이 어려워집니다. 이때 경영자와 함께 경영을 책임지고 이끌어 갈 간부가 반드시 필요합니다.

교세라가 창업한 지 얼마 안 됐을 무렵 저는 기술개발, 영업, 제도 등을 관리하며 혼자서 몇 사람 몫을 하고 있었습니다. 그 와중에 시간이 나는 대로 현장으로 발을 옮겨 직원들을 격려하고 각 부문을 직접 지도하는 등 정신이 없을 정도로 바빴습니다. 직원이 백 명을 넘자 회사의 미래를 위해 여러 가지 대책을 추진해야 했기 때문에 혼자서 회사 전체를 이끌고 가기가 버거워졌습니다.

경영자는 회사에서 벌어지는 문제에 대해 그때그때

판단을 내리고 최종적으로 책임을 져야 합니다. 저는 이러한 중압감을 이겨내고 저와 고락을 함께하면서 경영자로서 직원들의 행복을 위해 힘쓰려는 사명감을 가진 공동경영자가 진심으로 필요했습니다.

## 아메바 경영으로 리더를 키우다

경영자 마인드로 회사를 이끌어줄 리더가 필요하다는 생각에, 회사를 20~30명의 조직으로 분할해 각 조직마다 장차 리더로 성장할 것이 기대되는 인재에게 운영을 맡기면 어떨까라고 생각하게 됐습니다.

이러한 생각을 바탕으로 저는 아메바 경영이라 불리는 경영 방식을 만들었습니다. 회사의 조직을 아메바라 불리는 작은 집단으로 나누고 그 집단마다 리더를 둬 경영 전반을 맡기는 방식입니다. 리더는 회사 방침에 따르면서 자신이 속한 조직의 목표를 세우고 그것을 달성하기 위해 조직을 잘 이끌어야 합니다.

하지만 실제 경영은 조직을 세분화해 리더에게 맡기기만 하면 잘될 만큼 간단한 것이 아니지요. 리더로서 훈련이 되어 있지 않으면 권한을 부여해도 리더에 걸맞는 행동을 보일 수 없을 뿐더러 스스로 대단하다는 착각에 빠져 권력을 남용하는 경우도 생길 것입니다. 조직이 아무리 작아도 리더는 경영진의 일원으로서 경영을 맡아야 하므로 리더로서 지녀야 할 자세를 바르게 이해하고 책임감을 가지고 행동해야 합니다.

그래서 저는 리더를 선임할 때 먼저 리더로서 어떠한 모습을 갖춰야 하는가와 그 역할과 사명에 대해 지겨울 정도로 강조했습니다. 그리고 실제로 아메바 경영을 맡긴 후에도 현장에 나갔을 때나 회의 시간을 이용해 각 리더의 경영에 대해 지도를 계속했습니다. 이런 식으로 저는 리더에게 아메바 경영이라는 활약의 장을 제공함과 동시에 리더로 만들기 위한 교육을 반복해 경영자로서의 의식을 갖춘 인재를 육성했던 것입니다.

## 직원들이 의욕적으로 일에 전념하도록

이렇게 육성한 리더는 경영자로서의 의식을 갖췄기 때문에 '우리 조직을 이렇게 키우고 싶다'는 꿈을 실현할 수 있도록 스스로 목표를 세우고 최선을 다해 노력합니다. 이때 조직의 목표를 달성하기 위해서는 조직에 속한 모든 이들을 끌어들여 의욕을 끌어내는 것이 중요합니다.

보통의 회사에서는 부하 직원들이 일방적으로 업무를 지시받는 것이 일반적이지요. 하지만 '상사가 하라고 하니까 무조건 한다'는 사고방식으로는 절대 보람을 가지고 적극적으로 일할 수가 없습니다.

상사가 부하 직원에게 '우리의 목표를 달성하려면 어떻게 해야 좋을지 의견을 달라. 모두 함께 회사의 발전을 위해 최선을 다해보자'라는 태도로 접근해 평소 직원들이 경영에 참여하도록 유도하면 어떨까요. 직원은 '나도 회사에 꼭 필요한 사람이니까 목표 달성을 위해 내 역할을 다해야 한다'는 마음가짐을 가질 것이 틀림없습니다. 스스로 자신의 업무에 대해 적극적인 제안을 하고 책임감을 가지고 일하게 될 것입니다.

또한 아메바 경영에서는 각 조직의 채산이 매월 발표되기 때문에 그 조직에 속한 직원들의 노력에 대한 결과를 바로 알 수 있습니다. 따라서 자신들의 조직이 채산을 어떻게 하면 향상시킬 수 있을지 자신들이 처한 상황과 환경을 바탕으로 생각하고 보람을 가지고 업무에 임하게 됩니다.

이렇게 리더뿐 아니라 모든 직원이 경영자와 같은 의식을 가지고 경영에 참가하는 전원참여 경영을 실현함으로써 회사가 목표 달성을 향해 일치단결하는 체제를 만들 수 있습니다. 사람은 누구나 책임감과 사명감을 갖고 있을 때 스스로 의욕에 불타 일에 전념할 수 있습니다. 고수익 경영은 직원들이 경영에 적극적으로 참여하고 목표를 향해 하나가 되어 의욕을 불태우는 집단이 됐을 때 비로소 가능한 것입니다.

# 작은 조직부터 시작하라

**직원들에게 자신이 직접 경영한다는 의식을 부여하라.
그러면 '우리' 회사와 조직의 발전을 위해
적극적으로 고민하게 될 것이다.**

저희 회사는 조부 때부터 인쇄업 그리고 용지 도매업을 하고 있습니다. 현재는 자본금 12억 엔, 종업원은 360명 정도를 꾸리는 회사가 됐습니다. 관련 회사도 네 곳 있는데, 그중 지역 정보지 출판사와 지역 특산품 통신판매회사는 순조로운 실적을 내고 있습니다. 반면 모회사는 실적이 안정돼 있긴 하지만 성장이 더뎌 신규 사업의 가능성이 보이지 않는 것이 현실입니다. 기술 혁신으로 경영 구조가 급격히 변화하고 있다는 점을 잘 알기에 회사의 앞날이 걱정입니다.
그래도 긍정적인 것은 직원들이 지금까지 잘 따라와주고 있다는 것입니다. 5년 전 전사적인 목표로 장외시장에 도전했는데, 모든 직원이 일치단결한 결과 회사를 장외시장에 올릴 수 있었습니다.
앞으로 회사를 더욱 발전시키려면 직원들에게 새로운 목표를 제시해야 한다고 생각합니다. 또한 직원 모두가 실적에 대한 책임감을 느끼고 목표 달성에 임하는 긴장감을 유지하면서 혁신의 시대에 부합하도록 부지런히 일해야 할 것입니다. 그래서 새로운 목표로 도쿄 증시 2부 상장과 고객들에게 좋은 이미지를 심어주도록 친환경 기업으로의 변신을 추진하고 있습니다.
한편 직원들 각자가 목표 달성을 위해 책임감을 가지고 행동하도록 이끌려면 경영자로서 어떻게 해야 할지 고민 중입니다.
또한 모든 사업은 자연히 수명에 한계가 있으므로 신규 사업을 모색하고 영업 및 서비스의 확대를 도모해야 합니다. 이를 위해 사업의 확대와 발전을 적극적으로 추진할 수 있는 직원이 필요한데 이러한 인재를 육성하려면 어떻게 해야 할지 고민하고 있습니다. 경영자의 파트너로서 같은 꿈을 좇을 수 있는 직원을 키우고 싶습니다. 어떻게 적극적인 자세를 갖춘 직원을 육성할 수 있을까요?

## 긍정적인 자극을 줘라

귀하의 회사는 이미 장외시장 상장까지 이뤄냈다는 점에서 매우 성공한 기업이라 생각합니다.

제가 마음에 걸리는 것은 귀하가 계속해서 자회사를 만들어 분리시키려는 것입니다. 경영자는 일반적으로 자회사를 만들고 싶어 하는 경향이 있다고는 하나 신규사업을 모회사와 분리하게 되면 그렇지 않아도 격렬한 시장경쟁 속에서 경영자의 역량이 자회사로 분산돼버립니다. 또한 모회사 직원들의 의식 속에서 그 자회사는 다른 회사가 돼버립니다.

회사가 성장과 발전을 지속하기 위해서는 계속해서

신규 사업을 벌여나가야 합니다. 그런데 이 신규 사업을 자회사에서 실시하면 아무리 신규 사업의 실적이 좋더라도 직원들에게는 남의 일이 됩니다. 경영자에게는 모회사도 자회사도 자신의 회사이지만 직원들의 의식 속에는 별도의 회사가 되므로 문제가 됩니다. 그러니 신규 사업을 안이하게 모회사로부터 분리시키지 마십시오.

교세라의 경우 여러 사람에게 출자를 받은 제2전전을 빼면 자회사를 거의 만들지 않았습니다. 최근에는 교세라 자체가 아주 커져서 사업부 등을 분리해 자회사로 만들고 있지만 지금까지 신규 사업은 사내 사업부를 통해 시작하는 것을 기본으로 삼아왔습니다. 파인세라믹스 기술을 바탕으로 다양한 형태의 다각화를 추진해 회사 안에서 계속해서 신규 사업을 벌인 것은 기존 직원들에게 긍정적인 영향을 줬습니다.

'우리 회사는 낡고 진부한 회사가 아니라 최첨단 기술을 구사하는 하이테크 기업이다' 라는 자긍심을 기존 직원들이 가질 수 있었고, 또 이것이 좋은 자극이 되어 '우리 분야도 뭔가 새로운 사업을 할 수 있지 않을까' 라는 생각을 심어주게 됐습니다. 그 결과 회사 안에서 지속적으로 신제품과 새로운 사업의 싹이 트게 된 것이지요.

귀하의 경우에도 지금 있는 자회사를 모회사로 합병해 사업부화하는 것이 좋지 않을까 합니다. 그동안 자회사의 경영자가 경영을 잘했다면 그 사람에게 사업부장을 맡기면 됩니다. 그렇게 하면 모회사의 기존 사업부 직원들에게 "새롭게 만들어진 통신판매 부문은 적은 인원으로 훌륭한 실적을 올리고 있습니다. 우리도 더 열심히 합시다"라고 격려할 수 있습니다. 이렇게 긍정적인 자극을 줌으로써 기존 사업을 포함해 회사 전체가 활성화되고 모든 직원들이 신제품과 새로운 사업에 뛰어드는 체제를 만들 수 있습니다.

## 실적에 대해 자각하라

귀하의 회사는 이미 주식을 장외시장에 공개하고 직원도 벌써 400명 가까이 되므로 최고경영자인 귀하가 계속 혼자서 회사를 이끌어가기는 버거울 것입니다. 직원 한 사람 한 사람이 실적에 대한 자각을 가지고 경영에 참가해야 할 시기가 됐다고 생각합니다.

지금이야 제가 세이와주쿠에서 강의를 하고 있지만 창업 당시에는 경영에 대해 아무런 지식이 없어 손익계산서와 대차대조표도 읽지 못했습니다. 그래서 경리부장에게 몇 번이고 질문하면서 조금이나마 회계에 대해 이해하려 노력했습니다. 그렇게 질문을 주고받으면서 '매출은 최대로, 경비는 최소로' 하는 것이 바로 경영의 중요한 원칙이라는 걸 깨달았습니다.

대개의 경영자들은 '이 정도의 이익률을 내고 싶다'는 식으로 이익을 먼저 따져봅니다. 자신이 속해 있는 업계의 평균적인 이익률이 가령 5퍼센트라면 자신도 그 정도의 이익률을 내려고 생각하다가 실제로 그렇게 되면 거기에 안주하지요. 그러면 더 이상 그 선을 넘지 못하게 되고 이익률도 자연히 정체되고 맙니다.

그래서 저는 몇 퍼센트의 이익률이 타당하다는 생각을 일체 갖지 않았습니다. 오로지 필사적으로 매출을 가능한 늘리고 경비를 계속 줄이려 노력하면 그 결과가 이익으로 연결될 것이라 생각했습니다. 이러한 신념을 바탕으로 모든 직원들과 함께 끝없는 노력을 쌓아왔기 때문에 교세라가 고수익을 올릴 수 있었던 것입니다.

## 조직에 흥미를 갖게 하라

지금 귀하가 생각하는 것처럼 저 역시 회사가 성장함에 따라 혼자 회사를 이끌어가는 것이 아니라 직원 모두가 저와 같은 의식을 가지고 일해주길 바랬습니다. 아무리 매출을 최대로 하고 경비를 최소로 하자고 한들 이를 경영자 혼자 생각하고 실행하면 한계가 있는 것이지요. 실제로 현장에서 일하는 직원들이 매출을 조금이라도 늘리고 경비를 될 수 있는 대로 줄이려 생각하지 않으면 채산이 향상될 수 없습니다.

그래서 저는 회사를 소집단으로 나눠 그 조직에 리더를 두고 독립된 중소기업과 같이 경영하도록 하는 아메바 경영을 실천해왔습니다. 이 경우 각 조직의 직원들 모두가 자신들이 직접 경영한다는 의식을 가지고 일에 임하는 것이 필수적입니다. 저는 회사의 발전을 위해 직원들이 직접 자신들의 손으로 사업을 훌륭하게 성공시킨다는 전원참여 경영을 내세워 모든 직원의 의식 변화에 힘을 쏟았습니다. 동시에 각 조직을 이끄는 리더에게도 경영자 일원으로서의 사명과 지녀야 할 자세에 대해 틈날 때마다 지도를 해왔습니다.

이러한 교육을 통해 직원들에게 경영자 의식이 싹트도록 만들면 자신들의 조직을 발전시키기 위해 매출을 어떻게 늘릴 것인가, 경비를 어떻게 줄일 것인가를 적극적으로 생각하게 됩니다.

귀하의 회사에는 다양한 종류의 인쇄기가 있을 것입니다. 또한 영업부서에도 전문 분야가 있어 고급책자 주문을 받으러 다니는 사람이 있는가 하면 팸플릿이나 전단지 주문을 받는 사람이 있을 것입니다.

가령 팸플릿 등에 사용하는 인쇄기 부문을 한 조로 분리한다고 합시다. 앞서 말한 바와 같은 직원교육을 실시해 그 부문의 조직을 자주적으로 운영하도록 합니다. 그러면 그 조직의 직원들은 자기 조직의 이익을 최대로 올리고자 인쇄기를 풀가동해 매출을 늘리면서 잉크비, 종이비 등의 모든 경비를 줄이기 위해 노력할 것입니다. 이러한 조직을 계속해서 만들어가면 각 조직 직원들은 그 부문의 실적에 대한 책임감을 갖게 되는 것이지요.

이렇게 실적 향상에 대한 의욕이 생기고 자기 조직의 경영이 잘되기 시작하면 직원들은 적극적으로 이것저것 제안을 하게 됩니다. 직원들이 경영자와 같은 의식을 갖게 하려면 모두에게 회사 경영과 사업 전개에 대해 흥미를 가질 수 있도록 해야 합니다. 고용된 사람이니까 시키는 것만 하면 된다고 생각하지 않고 경영에 스스로 참가하게 하려면 회사를 작은 조직으로 나눠보십시오. 그러면 각 조직은 맡은 일에 대해 관심을 가지게 되고 성과가 나오면 일에 더없는 보람과 기쁨을 느낄 것입니다.

# 젊은 인재를 육성하라

**인재를 어떻게 육성하느냐에 따라 회사의 운명이 달라진다.
질타와 격려를 병행하며 직원들을 이끌고,
과감히 젊은 인재를 발탁하라.**

예전에 선생님께서 인간은 스스로 타오르는 유형, 불을 붙이면 타오르는 유형, 그리고 무엇을 해도 타지 않는 유형, 이렇게 세 유형이 있다는 말씀을 하셨지요. 저희 회사 간부들의 유형을 꼽자면 불을 붙여야 타오르는 유형입니다. 어떻게 하면 그들을 스스로 타오르도록 만들 수 있을지 고민입니다.

저희 회사는 식품 관련 제품을 취급하는 전문상사입니다. 외식산업 분야용 주방 설비, 식기와 도구류, 그리고 프랑스와 이탈리아 등 외국 요리용 식재를 판매하는 한편, 유지, 밀가루, 이스트 등의 원재료와 포장재료, 식품가공 기계를 판매하고 있습니다. 그 밖에 관련 공장이나 점포 개설과 운영에 대한 노하우를 제공하고 있습니다. 최근 5년 동안 매출이 정체됐고 영업이익률이 떨어진 상태입니다.

그렇지만 8년 전부터 대졸자들을 정기채용하면서 회사 분위기가 많이 바뀌었습니다. 현재 직원은 60명 정도 있는데 우수한 인재가 많아져서 직원들의 얼굴을 보고 있으면 회사의 중심이 확실히 달라진 것을 실감할 수 있습니다.

하지만 간부들이 그다지 제 역할을 하고 있지 못한 실정입니다. 간부들이 경영자 의식을 가질 수 있도록 저는 최고 경영자로서 여러 생각과 앞으로 회사 미래를 위해 실시해야 할 구체적인 전략 등을 제시하고 있으나 좀처럼 달라지지 않습니다. 심지어 그 아래 부하직원들의 좋은 아이디어나 제안이 간부들에 의해 차단돼 전달되지 않는 문제도 생기고 있습니다.

간부들은 회사의 기본적인 생각인 경영이념을 현장에 침투시키는 중요한 통로로서의 역할을 해야 합니다. 부하에게 기계적으로 지시만 전달해서는 안 되지요. 현장의 실태를 충분히 파악한 뒤 기본적인 방침을 바탕으로 시장에서 승리를 거둘 수 있는 전략과 전술을 세우고 가장 합리적이고 효율적으로 싸울 수 있도록 지휘하는 것이 바로 그들의 직무라 생각합니다.

제가 몇 차례 질책도 해봤지만 귀를 기울이기는커녕 오히려 불만스러운 반응을 보입니다. 간부들이 생각처럼 성장하지 않는 것은 제 방식만 고집해온 결과가 아닐까, 하는 반성도 해봅니다.

저는 회사를 장외시장에 상장할 수 있을 때까지 성장시키고 싶다는 꿈이 있습니다. 이 꿈을 달성하기 위해 경영자 의식을 가진 참된 간부를 육성하려면 어떻게 해야 할까요?

## 질타와 더불어 격려하라

중소기업이 매출을 늘리려면 간부들도 젊은 직원들과 함께 매일 같이 거래처를 돌면서 주문을 받아야 합니다. 새로운 식재료의 정보를 수집해오고, 또 그 지역에서 유행하고 있는 과자를 제과점에 소개도 해봐야 합니다. 살아 있는 정보를 얻기 위해서는 직접 현장을 파악해봐야 하는 것입니다.

간부들은 현장의 실태를 잘 파악해 전략과 전술을 세우고 직원들을 격려해야 합니다. 만일 그럴 만한 그릇이 아니라면 그냥 참모 역할을 맡기는 수밖에 없습니다. 오히려 능력 있는 젊은 직원들을 발탁해 그 일을 시켜야 합니다. 이렇게 하지 않으면 계속해서 주의를 주는 경영자도 피곤할 뿐더러 혼나는 간부도 괴롭습니다.

정말 그 간부가 역량과 의욕이 없다면 물러나게 할 수밖에 없습니다. 그 사람 밑에서 어떤 사람이 성장하고 있는지도 유의 깊게 살펴봐야 하지만 가능하다면 젊은 사람을 발탁해야 합니다. 앞서 젊은 직원들이 입사해 분위기가 많이 바뀌었다 말씀하셨으니 그 사람들을 중용해 회사를 성장시켜 나가야 한다고 생각합니다.

또 한 가지는, 직원들로부터 반발을 사기 때문에 질타와 격려를 병행하는 방식에 대해 고민하는 듯한데 그럴 필요는 없습니다. 엄하게 꾸짖을 때에도 '오늘의 회사가 있는 것은 여러분들이 열심히 해준 덕분'이라는 감사의 마음만 늘 가지고 있다면 귀하의 말과 행동도 달라질 것입니다. 주위에 대한 감사의 마음을 잊지 않는다면 귀하의 거친 태도도 자연스럽게 부드러워질 것입니다. 엄할 땐 엄하면서도 상대방을 배려하는 인간미 넘치는 경영자가 될 수 있도록 항상 노력을 기울이면 직원들은 반드시 따라옵니다.

## 인재가 회사의 성장과 정체를 가른다

귀하의 회사 같은 전문상사의 경우 확실히 경영 환경이 어려워지고 있다고 생각합니다. 식재를 레스토랑이나 제과점에 납품하는 상업은 중요한 업종이었지만 정보시스템과 물류시스템의 발전으로 이러한 중간업자를 생략하려는 움직임이 많아지고 있습니다.

이러한 상황에서 회사를 더욱 키워 장외시장 상장을 달성할 때까지 성장시키려면, 회사는 귀하가 깃발을 휘두를 때 조금의 흐트러짐 없이 따라올 수 있으며 혜성처럼 불타는 집단이 돼야 합니다. 그런데 정작 가장 중요한 간부들이 비협조적으로 나온다면 분명 곤란하지요.

귀하의 회사 실적을 보니 수익성이 낮은 상태이므로 이 상태로 규모를 확대해선 안 된다고 생각합니다. 저는 항상 매출액 대비 세전 이익률 10퍼센트를 목표로 하라고 말하는데 5퍼센트의 이익률조차 내지 못한다면 경영적으로 불안정한 상태라 할 수 있습니다. 지금의 간부들이 태도를 바꾸지 않는 이상 이익률 10퍼센트의 달성은 어려울 것입니다.

이러한 문제는 비단 귀하의 회사만이 아니라 대부분의 회사가 안고 있는 문제입니다. 최고 경영자를 받쳐줄 인재를 어떻게 육성할 것인가. 이것이 성장하는 회사와 정체된 채로 끝나버리는 회사를 가르는 분수령인 것입니다.

귀하가 말한 것처럼 도저히 간부들이 바뀌지 않는다면 과감하게 젊은 직원을 발탁하십시오. 단순히 머리가 좋거나, 일을 잘하는 사람이 아니라 귀하를 신뢰하고 따라올 수 있는 젊은 인재를 기용해야 합니다.

그리고 그 직원들을 기회가 있을 때마다 지도해 귀하의 생각을 충분히 이해시켜야 합니다. 이러한 인재가 훗날 간부로 성장해 귀하를 받쳐줄 수 있게 된다면 회사는 정말 긍정적으로 달라질 것입니다.

# 인간성과 열정을 보라

**회사에는 능력이 뛰어난 인재만 필요한 것이 아니다.
회사에 애정이 있으며,
일에 대해 열정이 넘치는 인재를 소중히 여겨라.**

저는 골프장 지배인을 맡고 있습니다. 아르바이트 직원을 포함해 직원은 모두 170명입니다. 최근 업계의 실적이 좋지 않은 상황인데 저희 골프장은 고객이 늘고 있습니다.

세이와주쿠에 입학한 뒤로는 선생님께 배운 경영철학을 직원들과 공유하고 제 생각을 전달하기 위해 노력해왔습니다. 지금은 조금씩 직원들이 그 노력을 받아들이고 있다는 느낌입니다.

회사는 일을 잘하는 사람들의 집단, 즉 군살 없는 '근육질의 집단'이 돼야 한다고 생각합니다. 그런데 면접을 보고 유능하다고 생각해 채용한 사람임에도 불구하고 실제로 일을 시켜보면 일을 잘하는 사람과 그렇지 못한 사람으로 나뉩니다. 역량이 모자란 사람에게는 연수, 세미나 등을 통해 배울 수 있도록 하고 있지만 전혀 개선되는 모습이 보이지 않습니다.

각 개인의 현재 상황, 입장, 장래의 역할 및 지위에 대해 이야기하면서 주의를 주고 있지만 진보하는 모습을 볼 수 없습니다. 본인의 자각이 부족한 것인지 지도 방법이 잘못된 것인지 잘 모르겠습니다. 그 직원들에게 언제까지 주의를 줘야 하는지, 어떤 시점에서 어느 정도 포기하고 그냥 받아들여야 하는지 그 경계선을 판단하는 데 고민하고 있습니다.

그런 직원들도 회사에 필요한 존재라 인식하고 활용해야 하는지요. 만약 그렇다면 '근육질 경영'이라는 이상향에서 멀어지는 것은 아닌가 혼란스럽습니다. 능력이 부족한 직원을 어떻게 대해야 할까요?

## 일에 대한 열정이 얼마나 있는가

회사는 약육강식의 경쟁사회 속에서 살고 있지요. 살아남기 위해서는 군살 없는 근육질의 체질을 갖춰야 합니다. 그런데도 실적이 좋지 않은 사람, 업무 태도가 불량한 사람들의 사정까지 봐줘야 한다면 경쟁 원리에 모순되는 것이 아닌가, 이러한 문제에 대해 어떻게 대처해야 좋을지에 대한 질문입니다. 아마도 경영에 진지하게 임하시는 분이라면 누구라도 이러한 고민을 안고 있을 것입니다.

저는 일을 못하는 직원을 대하면 먼저 일이나 회사에 어떠한 감정을 가지고 있는지를 물어봅니다. 만약 그 사람이 회사를 위해 열심히 또 충실하게 일하려는 마음을 가지고 있다면 회사의 소중한 존재로서 대접합니다.

귀하의 경우에 적용하면 "저는 이 골프장이 좋습니다. 어렵게 채용해주셨으니 무슨 일이 있어도 회사 발전을 위해 최선을 다하겠습니다"라는 식의 일에 대한 열정적인 자세가 있는지 확인해보는 것입니다.

회사에 대해 애정도 존경심도 별로 없는 직원, 월급을 받을 수 있으면 굳이 이 회사가 아니더라도 괜찮다고 생각하는 직원, 최선을 다해 일하려는 마음이 없는 직원은 적절한 시기에 그만두게 하는 것이 낫다고 생각합니다. 그것은 심한 처사가 아닙니다. 상대방이 이쪽만 믿고 있는데 그것을 배신하는 것은 분명히 잔인한 행동일 것입니다. 하지만 상대방의 마음이 이미 식어 있는 경우라면 이쪽에서도 똑같이 대하는 수밖에 없습니다.

가장 어려운 것은 회사를 좋아하고 열심히 일하는데도 성과가 나지 않는 직원을 어떻게 대해야 하는가에 대한 문제입니다. 같은 월급이라면 좀 더 능력 있는 사람을 쓰는 것이 합리적이겠지만 그럼에도 저는 회사를 좋아하고 최선을 다해 일하는 직원이라면 소중히 여겨야 한다고 생각합니다.

## 조그만 돌도 소중하다

기업을 성이라 비유하자면 직원은 성벽입니다. 튼튼한 성벽을 이루는 것은 커다란 돌도 있고 조그만 돌도 있습니다. 쉬이 눈에 띄지 않지만 커다란 돌들 틈을 메우고 있는 수많은 조그만 돌들 역시 성벽 전체를 지탱하는 역할을 합니다.

이렇게 조그만 돌처럼 능력은 다소 부족하지만, 인간성이 훌륭하고 주위 사람들의 마음을 한데 모을 수 있으며 최선을 다해 회사에 충성을 바치려는 직원이 있습니다. 이러한 직원이 회사를 근육질로 만드는 데 불필요하다 생각할지 모르지만 결코 그렇지 않습니다. 이런 직원을 계속 쓰다 보면 단기적으로는 손실이 발생하는 듯하나 장기적으로는 조직을 견고하게 만들어주기 때문에 회사에 큰 자산이 됩니다.

저는 여러 차례 그런 경험을 했습니다. 교세라가 아직 중소기업이었을 때 다른 회사를 보니 머리가 명석한 직원이 많았습니다. 반면 우리 직원들을 보면서 '이렇게 둔한 사람만 있어선 회사가 성장할 리 없다'고 한탄했습니다. 그런데 능력적인 면에선 그리 탐탁지 않은 사람일수록 회사를 떠나지 않고 최선을 다해 일하는 경우가 많았습니다. 회사를 더없이 사랑하고 몸이 부서지도록 일한 덕분에 나중에는 훌륭한 간부로 성장해 회사에 크게 공헌했습니다.

반면 놀라울 정도로 명석한 사람도 있었습니다. 머리도 좋고 일도 잘했습니다. 회식 자리에서도 제 옆에 와서 인사를 한 후에 "사장님을 신뢰합니다. 무슨 일이 있어도 저는 사장님을 따르겠습니다"라고 말하곤 했지요. 저로서는 이렇게 우수한 직원이 들어와줘 너무 기쁘다 생각했는데 그런 사람은 무슨 일이 터지면 도중에 회사를 떠나버렸습니다.

## 근육질 경영의 진짜 의미

저와 함께 교세라를 창업한 동료의 이야기입니다만 그

사람은 인간성이 훌륭하고 항상 전력을 다해 일에 임하는 사람이었습니다. 창업 때부터 고생을 함께했는데 아직은 무엇 하나 눈에 띄는 성과를 내지 못하는 시기가 있었습니다. 사람은 좋지만 한 번 마시면 갈 데까지 가야 직성이 풀리는 술고래에다 곳곳에서 실수를 하므로 중요한 일을 맡길 수가 없었습니다.

교세라가 상장을 하고 규모가 커지면서 저는 그 사람을 언제까지고 교세라의 간부로 둘 수는 없다고 생각해 적자가 계속되는 자회사 사장으로 보내버렸습니다. 창업 이후 저와 고생을 함께하고 오늘날의 교세라를 만든 창업 멤버 중에 한 명입니다. 그런 사람을 어려운 회사에 사장으로 내보낸 것입니다. 다른 사람이라면 화난 표정으로 "이나모리 씨는 이리도 냉정한 사람입니까?"라고 말했을 것입니다.

하지만 그는 그 회사에 가서도 최선을 다해 노력했습니다. 적자를 내는 회사이기 때문에 직원들의 도덕성도 저하돼 있고 동기부여도 안 되어 있는 상태였습니다. 교세라의 많은 지분을 갖고 있던 그 사람은 주식을 처분한 돈으로 부하에게 밥을 사주거나 술자리로 데려가서는 힘내라며 계속 격려해줬습니다. 그렇게 직원을 육성해 12년 뒤에는 몇 십억이나 됐던 누적 적자를 만회하고 기어이 회사를 재건했습니다.

게다가 그렇게 훌륭한 성과를 이뤄냈음에도 조금도 거만하게 굴지 않았습니다. 제가 "정말 고생하셨습니다"라고 그동안의 노고를 치하하자 그는 "아닙니다. 저는 이나모리 회장님과 같이 일할 수 있었던 것으로 행복합니다. 이 정도는 아무것도 아닙니다"라고 대답했습니다.

저 역시 정말 고개가 숙여질 정도였습니다. 성벽을 쌓을 때는 이렇게 작지만 반짝반짝 빛나는 돌이 있어야만 성이 반석처럼 튼튼해지는 것입니다.

근육질 경영이라는 것은 반드시 능력 있는 사람만 뽑자는 것이 아닙니다. 능력 있는 사람 가운데 인간미가 넘치는 훌륭한 인재가 없으면 회사는 성장할 수 없습니다. 능력은 부족하더라도 진정으로 회사를 생각하고 도움이 되고 싶어 하는 직원이 있다면 그를 소중히 대하십시오. 단기적으로는 도움이 안 되더라도 앞으로 반드시 훌륭한 성과를 내고 모두에게 좋은 영향을 끼칠 것입니다. 그렇게 믿어도 틀림없습니다.

# 쪼개서 관리하고 다가가서 소통하라

사업의 각 부문을 독립채산으로 관리하라.
그래야 이익을 한눈에 파악할 수 있고, 비용을 관리할 수 있다.

저는 베이커리, 케이크, 쿠키의 제조 · 판매 및 레스토랑과 슈퍼마켓 사업을 하고 있습니다. 지방 도시에 위치해 시장이 좁다는 점이 있어 각각의 사업 규모는 그리 크지 않습니다. 직영점 네 곳, 임대점 여섯 곳을 경영하고 있습니다. 매출액 36억 엔, 경상이익이 1억 6천5백만 엔이고 직원 수는 250명입니다.

선생님은 항상 경영관리를 철저히 하라고 강조하셨지요. 저도 꼭 그렇게 해야겠다는 마음으로 관련 프로그램을 활용해 매출을 철저히 관리하려 하고 있습니다. 하지만 막상 해보니 각 점포의 사업이 잘되고 있는지 한눈에 파악하는 데 어려운 점이 있더군요. 어떻게 해야 각 점포들을 철저하게 관리할 수 있을지요? 그리고 직원들과 원활하게 의사소통하려면 어떤 방법이 좋을까요?

## 실속 없이 회사의 덩치만 키워선 안 된다

처음에는 순조롭게 사업을 확대하다가도 경영관리 면에서 갖춰지지 않아 쓰러진 기업은 셀 수 없이 많습니다. 교세라가 오늘날과 같은 기업으로 성장할 수 있었던 가장 중요한 이유는 두 가지입니다. 하나는 확실한 경영이념을 갖고 있다는 점, 그리고 또 하나는 제대로 된 경영관리 시스템을 확립했다는 점입니다. '중소기업은 커지면 망한다' 는 식의 말을 흔히 하는데 그것은 대부분 중소기업의 관리 방식에 문제가 있기 때문입니다.

저 역시 원래 기술자 출신이라 처음에는 회계에 대해

아무것도 몰랐습니다만 회계를 모르고선 경영이 불가능하다는 것은 금방 이해할 수 있었습니다. 기업회계에는 재무회계와 관리회계가 있습니다. 재무회계는 경영의 결과를 계산하기 위한 회계입니다. 그것만으로는 경영이 불가능하므로 실제로 경영을 해나가면서 쓸 수 있는 관리회계의 노하우를 제 스스로 생각해냈습니다. 그것이 바로 아메바 경영입니다.

휴대전화 사업을 시작했을 때의 일입니다. 저는 휴대전화 기지국을 각지에 만들어 휴대전화의 인프라를 정비했습니다. 그런 뒤 이용자들과 계약을 맺고 휴대전화를 통한 통신서비스를 제공했습니다. 또 당시는 휴대전화가 굉장히 고가였기 때문에 휴대전화기를 대여하는 방식을 택했습니다.

보통의 회사라면 이것들을 하나의 사업으로 묶어 관리할 것입니다. 하지만 사업의 실태를 파악하려면 그것만으로는 충분하지 않습니다. 그래서 저는 휴대전화 사업을 분석해 계약 사업, 통화 오퍼레이션 사업, 대여 사업, 부품 판매 사업, 이렇게 네 개의 사업으로 분리하기로 했습니다.

계약 사업에서는 회사가 고객과 계약했을 때의 계약금을 매출로 하고 그 계약에 든 비용을 빼서 이익을 산출합니다. 이렇게 하면 계약 사업이 하나의 사업 단위가 됩니다. 또한 휴대전화 서비스를 개시하면 고객들은 매월 기본요금, 통화료, 대여료를 지불하게 됩니다. 이 부분에서 통화 오퍼레이션 사업과 대여 사업이라는 두 개의 사업이 만들어집니다.

통화 오퍼레이션 사업에서는 매월의 기본요금과 통화료가 매출이 되고 기지국 유지 및 보수와 설비의 상각 등 통화에 따라 발생하는 비용이 경비가 됩니다. 대여 사업은 휴대전화 대여가 하나의 비즈니스가 됩니다. 이와 별개로 휴대전화에 필요한 배터리 등의 부품을 구입해 고객에게 파는 부품 판매사업도 있습니다.

저는 이러한 네 개의 사업을 독립된 사업 단위로 나누고 각각 독립된 채산관리를 실시함으로써 어떤 사업이 이익을 내고 있는지, 손실을 내고 있는지 명확히 해 필요한 대책을 즉시 취할 수 있도록 했습니다.

## 독립채산관리로 흐름을 한눈에 파악하라

귀하의 경우 베이커리 등의 제조 및 판매 사업과 레스토랑 사업, 슈퍼마켓 사업이 있습니다. 아메바 경영을 실시한다면 이러한 사업을 모두 독립채산 사업으로 관리합니다. 또한 베이커리에는 빵 제조 부문과 소매 부문이 있는데 이것들 역시 별도로 관리합니다. 또 다양한 타입의 레스토랑을 경영하고 있으므로 각각을 독립채산 부문으로 관리합니다. 만약 같은 레스토랑 안에서도 일부는 프랑스식을 하고 일부는 일식을 한다면 한 개의 레스토랑을 두 부문으로 나눠 각각을 독립채산으로 관리하고 직원들도 나눠 배치합니다. 이렇게 각 부문을 독립채산 부문으로 관리하면 그 실태가 유리처럼 투명하게 드러납니다.

아메바 경영에서 중요한 점은 부문별로 매출이 집계됨과 동시에 해당 부문이 사용한 경비가 명확하게 드러난다는 점입니다. 이런 식으로 만들어놓으면 부문별로 집계된 매출에서 그 부문의 경비를 빼면 그 부문의 이익을 난숨에 파악할 수 있겠지요.

이를테면 레스토랑에서는 매월의 매출은 카운터에서 자동적으로 계산되므로, 경비는 어떤 부문이 얼마나 지출했는지 알 수 있도록 각 부문별로 집계해놓습니다. 그것도 되도록 상세하게, 가령 식재의 경우 육류, 어패류, 야채 등으로 분류합니다. 그 외에도 조미료, 물수건이나 냅킨 등 필요에 따라 세부과목으로 나눠 경비를 집계해놓습니다. 이렇게 하면 어떤 비용이 늘었는지, 어떤 비용을 삭감해야 하는지 일목요연해집니다.

레스토랑의 경우 비용을 줄인다고 식재를 한꺼번에 구입하지 마십시오. 낭비를 줄이기 위해선 그때그때 필요한 만큼만 식재를 구입하는 것이 좋습니다.

그리고 임대료처럼 매월 금액이 정해진 것은 날짜로 나눠 계산할 수 있습니다. 그 외에 가스비, 수도비 등도 날짜로 나눠 계산합니다. 이렇게 하면 대략적인 계산이긴 하지만 매월의 손익을 낼 수 있으므로 철저한 채산관리가 가능합니다.

이렇게 계산한 채산의 실태를 책임자뿐 아니라 모든

직원들에게 게시해 채산에 대한 의식을 공유합니다. 모든 직원에게 계산과목별로 "이 과목의 경비가 이렇게 많으니 적자가 난 것입니다. 모두 주의해서 이 경비를 줄입시다"라고 구체적으로 설명하면 직원들도 어떤 경비를 어떻게 줄여야 할지 스스로 생각해볼 수 있습니다. 이 정도로 상세하게 경비를 관리하려면 그 사업에 맞는 관리방법 및 시스템을 스스로 만들어내야 합니다.

## 소통의 중심 공간을 마련하라

교세라에서는 회식 자리가 소통의 중심이라 할 수 있습니다. 교육을 한답시고 직원들을 모아놓고 총무부장이 딱딱하게 "주목, 지금부터 사장님께서 말씀하시겠습니다"라고 말하면 직원들은 얼핏 보면 진지하게 듣는 것 같아도 사실은 한 귀로 듣고 한 귀로 흘려버리기 십상이지요. 사람이란 마음을 열고 납득하지 않으면 아무리 좋은 말도 마음속에 들어오지 않습니다.

저는 직원들이 자발적으로 귀를 기울일 수 있도록 술을 함께 마시면서 모두가 마음을 열었을 때 이야기를 꺼내기로 했습니다. 딱딱한 분위기 속에서가 아니라 술을 함께 마시며 이야기를 주고받는 것이 중요합니다.

또 한 가지 중요한 것은 언제나 고생을 시키고 있다는 마음에서 나오는 배려심입니다. 고생을 시키고 있는 만큼 적어도 회식 자리 정도는 자주 마련해 격려해주자는 사장의 마음 씀씀이가 중요합니다.

회식 자리에서 시간이 지나면 당연히 분위기가 떠들썩해지기 시작합니다. 그러면 꼭 쓸데없는 이야기를 꺼내는 사람이 있습니다. 대개 그런 이야기는 재미있기 때문에 모두의 이목이 그쪽으로 쏠리는데 저는 그런 사람을 자주 혼냈습니다. 새로 입사한 직원들은 술자리니 재미있고 떠들썩하겠지 짐작했다가 막상 그렇지 않으니 재미없다며 투덜거리기도 하더군요. 그 직원들에게 저는 이렇게 말했습니다.

"술은 얼마든지 인간을 타락시킬 수 있습니다. 술이

사람을 마시는 것 같은 음주는 하급 중에 하급입니다. 당신들같이 술이 사람을 마시는 식이라면 술을 마실 자격이 없습니다."

실제로 그런 식으로 술을 마시면 교세라에서 당장 쫓겨납니다.

"이 자리는 그저 재미있고 떠들썩하게 난리를 피우자 만든 자리가 아닙니다. 회사가 좀 더 나은 방향으로 갈 수 있도록 일 얘기도 나누며 좋은 술자리 문화를 만들어 봅시다."

교세라의 회식 분위기는 시간이 갈수록 진지해집니다.

처음에는 술도 서로 따르며 화기애애한 분위기로 가다가 누군가 회사의 발전이 보탬이 되는 진지한 발언을 꺼내면 순간 모두가 진지하게 귀를 기울이는 식이지요. 그리고 이야기를 마치면 또 적당히 술을 마시며 즐겁게 담소를 나눕니다.

긴장을 풀게 하면서도 때에 따라선 진지한 분위기를 조성하는 것이 바로 제가 회식 자리를 이끄는 방식입니다. 마음을 터놓고 술을 주고받으면서도 서로를 인격적으로 대하는 것. 이것이야말로 마음과 마음을 이어주는 진정한 소통법이 아닐까요.

나오며

# 왜 이익을 내야 하는가

교세라는 첫해에 2천6백만 엔 남짓한 매출을 올리는 데 성공했습니다. 세전이익률은 매출의 10퍼센트에 해당하는 약 3백만 엔이었습니다. 회사를 시작한 지 1년째부터 3백만 엔의 이익이 났다는 말을 듣고 매우 기뻐했던 기억이 납니다.

이렇게 기뻐한 데는 이유가 있습니다. 앞서 밝혔듯이 새로운 회사를 설립할 때 자신의 집터까지 저당 잡히면서 천만 엔의 자금을 빌려준 이가 있었으니까요. 이 상태라면 빌린 돈을 3년이면 갚을 수 있겠다는 마음에 그토록 기뻐했던 것입니다. 그런데 그런 저를 향해 경리

담당자가 이렇게 말하더군요.

"3백만 엔이라는 것은 세전이익이므로 세금을 납부하면 절반밖에 남지 않습니다. 게다가 임원 상여금이나 배당금을 주고 나면 손에 남는 것은 백만 엔 정도입니다."

그렇다면 천만 엔을 갚는 데 10년이나 걸리게 되므로 저는 순간 멍해졌습니다. 하지만 정신을 차리고 이렇게 생각했습니다.

'매출의 10퍼센트인 3백만 엔의 이익을 낸다 해도 세금 등을 빼면 백만 엔밖에 남지 않는다. 그렇다면 이익처분 후에도 3백만 엔의 이익이 남도록 하면 3년 안에 갚을 수 있지 않은가. 지금보다 몇 배의 이익을 내면 되는 것이다. 자, 힘을 내자!'

이러한 발상의 전환이 바로 교세라의 고수익 경영의 원동력이 됐습니다. 창업 시 빌린 돈을 가능하면 빨리 갚기 위해 저는 고수익 경영을 추구한 것입니다. 그 후로 교세라는 언제나 고수익을 낼 수 있도록 노력을 거듭해왔기 때문에 어떠한 불황이 닥쳐도 오늘날까지 한 번도 적자를 낸 적이 없습니다.

그렇다면, 왜 회사는 고수익을 내야 하는 걸까요. 당연한 걸 왜 묻냐는 반응을 보이실 수도 있겠지만, 이것은 정말 경영에 있어 중요한 것이므로 그 이유를 제 나름대로 정리해보고자 합니다.

**1. 재무 체질을 강화시킨다**

사업에는 반드시 자금이 필요합니다. 통상적으로 고수익 기업은 보유 자금을 증가시켜 나가는데, 그렇게 자금을 축적하려면 고수익이 필수적입니다. 또한 고수익을 통해 늘린 보유 자금을 차입금 반환에 사용하면 지불 이자를 경감할 수 있고 나중에는 무차입 경영을 실현할 수 있게 됩니다.

또한 이익을 높이면 약 반년분은 세금으로 내고 남은 반년분의 이익은 손에 남게 됩니다. 그렇게 남은 자금은 회사를 안정적으로 경영하는 데 도움이 됩니다. 물론 은행으로부터의 차입에 의지해 사업을 확대해나가는 방법도 있습니다. 하지만 은행은 날씨가 좋은 날에는 우산을 빌려주지만 비가 내리면 우산을 빼앗아가는 법입니다. 즉 경제 상황이나 사업 환경이 나빠지면 가차 없이 자금을 회수해갑니다. 은행에만 의지해서는 위기가 닥쳤을 때 반드시 자금 문제로 어려워집니다. 그렇게 되지 않기 위해서는 보유 자금을 늘림으로써 재무 체질을 강화할 필요가 있습니다.

**2. 안정적인 경영을 펼칠 수 있다**

고도성장기 때는 임금상승률이 아주 가파르게 솟구칩니다. 임금 상승은 회사에 있어 비용 증가로 이어지기 때문에 채산을 큰 폭으로 악화시킬 위험이 있습니다. 게다가 엔고나 디플레이션 등 경제 환경의 격변 탓에 언제 뜻밖의 일이 벌어질지 알 수 없습니다.

하지만 회사가 고수익 체질이라면 다소 수입이 감소하더라도 쉽게 적자를 내지는 않습니다. 만약 경제 환경이나 경영 상황의 악화 때문에 수입이 줄더라도 고수익 기업이라면 재무가 튼튼해 급히

구조조정이나 임금 삭감을 하지 않아도 됩니다. 즉 고수익은 가까운 미래에 벌어질 수 있는 부담의 증가나 매출 감소 등 예기치 못한 사태를 맞아 얼마나 견딜 수 있는가에 대한 바로미터이지요.
이렇게 미래를 대비해 경영을 안정시키고 직원들의 고용을 보장하기 위해 회사는 고수익 경영을 해야 하는 것입니다.

### 3. 높은 배당으로 투자 주주를 늘릴 수 있다

고수익으로 이익이 증가한다는 것은 미처분 이익의 증가로 이어지므로 배당을 늘릴 수 있습니다. 즉 고수익을 올리면 경영을 압박하는 일 없이 주주들에게 안정적으로 높은 배당을 줄 수 있습니다. 고수익을 올린 회사는 배당을 올려 주주에게 보답해야 합니다. 배당수익률이 높다는 것은 주주로서 환영할 일이고 회사 입장에서도 투자해줄 주주를 늘리는 효과가 있습니다.

### 4. 주주에게 자본이득을 안겨줄 수 있다

상장기업이라면 실적이 좋아짐에 따라 통상 주가도 상승합니다. 이 때문에 고수익 경영은 주주에게 자본이득을 안겨주는 역할도 할 수 있습니다. 이것이 고수익 경영을 추구하는 네 번째 이유입니다.

또한 주가를 올리는 데는 보유 자금을 통한 자사주 매입이라는 방법도 있습니다. 시장에서 유통되는 자사주를 직접 사들인 후 소각해 발행 주식 총수를 감소시키면 한 주당 가치를 올릴 수 있습니다. 이 역시 고수익으로 풍부한 자금을 보유해야만 가능한 일입니다.

### 5. 사업 전개의 선택지가 넓어진다

회사가 고수익을 통해 보유 자금을 늘리면 그 자금을 사용해 신규 사업에 진출할 수도 있습니다.

교세라는 1973년 제1차 오일쇼크를 계기로 태양광 에너지 사업을 시작했습니다. 당시에는 아직 태양전지의 수요가 적어서 연구개발도 충분히 진행되지 않았기 때문에 오랜 기간 동안 채산이 맞지 않아 고생했습니다. 지금은 가정용 태양광 발전 시스템 등의 수요가 급증해 교세라의 중요한 사업 중 하나가 됐습니다.

회사를 발전시키기 위해서는 반드시 신규 사업을 시작해야 하지만 그 길이 결코 평탄하지는 않습니다. 사업 개시 후 처음에는 적자가 이어질 수도 있기 때문에 이러한 부담을 견뎌낼 수 있는 재무 체질을 갖춰야 합니다. 교세라는 자금적인 여유가 있었기 때문에 긴 시간 동안 어려운 시기를 극복하고 결국 태양광 에너지 사업을 성장시킬 수 있었던 것입니다.

반면 기존 사업이 저수익 구조인데다 상황이 악화되는 상황에도 불구하고, 신규 사업에 손을 대 이것이 회사에 치명타가 돼버린 사례도 많습니다. 저수익을 내는 회사는 신규 사업의 리스크를 충분히 감당하지 못하기 때문에 선택의 여지마저 좁을 수밖에 없습니다. 그래서 새로운 사업 전개를 위해서라도 고수익이어야 한다는 것이 다섯 번째 이유입니다.

6. 회사의 역량이 강해진다

고수익 경영을 실현하면 축적해온 보유 자금을 통해 다른 기업을 인수할 수 있다는 장점이 있습니다. 원래 재무 체질이 약한 회사가 무리한 차입을 통해 다른 회사를 매수하면 커다란 리스크를 지게 되지요. 반면 고수익으로 보유 자금이 풍부한 회사라면 자금 조달에 크게 신경 쓰지 않고 다른 회사를 인수할 수 있습니다. 그 결과 새로운 사업과 인재를 끌어들여 전망이 밝은 새로운 사업 전개를 도모하는 것이 가능해집니다.

이상 제 경험을 바탕으로 회사는 왜 고수익을 내야 하는가에 대한 여섯 가지 이유를 밝혔습니다. 이러한 사례들은 고수익이 회사 경영을 얼마나 유리하게 전개시킬 수 있는지를 여실히 보여줍니다.

## 간절한 열망이 고수익의 원동력

그렇다면 회사를 고수익 체질로 만들려면 어떻게 해야 하는지가 문제입니다. 어떻게 이익을 늘릴 수 있는지 구체적인 방법을 말하는 책이 넘쳐나고 있으나, 저는 지엽적이고 표면적인 것을 논하기 전에 더욱 근본적인 것을 깨달아야 한다고 생각합니다.

경영자 스스로 '무슨 일이 있어도 우리 회사를 고수익 기업으로 만들겠다'는 깊은 바람과 열망을 품어야 하는 것입니다. 경영자가 고수익 기업으로 만들려는 강한 의지와 간절한 열망을 가지고 경영하지 않으면 어떠한 방법으로도 회사 이익을 늘릴 수 없습니다. 제가 이것을 깨달은 것은 1967년 무렵 교토에서 열린 마쓰시타 고노스케 씨의 강연을 들었을 때였습니다.

그때 마쓰시타 씨는 '댐식 경영', 즉 강에 댐을 건설해 항상 물을 담아두는 것처럼 여유를 가지고 경영하라고 말했습니다. 강연 후 질의시간에 한 사람이 물었습니다.

"댐식 경영은 훌륭한 방식이라고 생각하지만, 당장

여유가 없는 영세기업은 어떻게 해야 하지요?"

마쓰시타 씨는 잠시 생각에 잠긴 후 이렇게 말했습니다.

"저도 모르겠습니다. 하지만 우선 여유를 가져야 한다고 생각합니다."

그러자 말도 안 되는 대답이라고 강연장은 웃음소리로 가득했습니다. 하지만 그 말은 제게 충분히 깨달음을 줬습니다.

'그렇다. 일단 진심으로 댐식 경영을 하려는 마음을 먹으면 괴롭지만 어떻게든 해보려고 발버둥치겠지. 그러면서 깨달음도 얻을 것이다. 하지만 그런 마음조차 먹지 않는다면 아무런 깨달음도 얻을 수 없는 거야. 우선 여유 있는 경영을 하고 싶다고 진심으로 바라야 한다.'

마쓰시타 씨가 말하고 싶었던 것은 인간은 그렇게 하고 싶다고 간절하게 바라지 않으면 아무것도 성취할 수 없다는 것입니다. 자기가 그렇게 될 것이라 믿지도 않는 일에 누구도 전념할 리가 없습니다. 간절한 열망을 마음속에 품고 그것을 실현하기 위해 노력하는 것이 바로 모든 일을 성취하는 원동력인 것입니다.

저는 창업 당시 자신의 집터까지 저당 잡히면서까지 교세라를 만들어준 은인의 돈을 갚겠다는 필사적인 마음이 있었습니다. 한시라도 빨리 돈을 갚으려고 먹고 자는 것까지 잊고 일에 전념한 덕분에 창업한 지 10년 후 무차입 경영을 실현할 수 있었습니다.

그 뒤로도 자금적인 여유를 확보할 수 있는 댐식 경영을 실천하기 위해 갖가지 지혜를 짜내 누구에게도 지지 않을 만큼 노력해왔습니다. 그 결과 제가 사장으로 재임하던 시기에는 교세라의 매출액 대비 세전이익률이 20~30퍼센트대를 유지했습니다.

그 덕분에 1984년 제2전전을 창업했을 때는 교세라의 보유 자금이 1천5백억 엔을 넘었습니다. 이 여유 자금을 바탕으로 교세라는 외부 투자 걱정 없이 제2전전 창업이라는 거대한 프로젝트에 도전할 수 있었습니다. NTT라는 대기업에게 과감하게 도전할 수 있었던 것은 이런 자금적인 뒷받침이 있었기 때문입니다.

간절한 열망을 가짐으로써 기업을 고수익 체질로 이

끄는 데 성공한 것은 결코 교세라만 가능한 것이 아닙니다. 저는 항상 세이와주쿠 학생들에게 "매출액 대비 세전이익률 10퍼센트가 나지 않으면 사업으로서의 가치가 없다"고 말해왔습니다. 학생들은 처음에 그것은 아무래도 무리라고 동요하는 모습을 보였지요.

하지만 제가 반복하고 또 반복해 그 필요성을 역설하자 어느새 많은 학생들이 '우리 회사도 고수익 기업이 돼야 한다'고 진심으로 생각하게 됐습니다. 그 결과 지금은 세이와주쿠의 학생이 경영하는 회사 중 이익률이 10퍼센트를 넘는 회사가 속출하고 있으며 주식공개 또는 상장에 이른 회사도 백 곳이 넘습니다.

마지막으로 다시 한 번 강조하고 싶습니다. 한 회사를 이끌어가는 경영자라면 '우리 회사는 고수익 기업이 될 것이다'라는 간절한 열망을 품어야 합니다. 그런 열망을 품는다면 자연스레 일에 대한 집념과 함께 노력이 따를 것이고 하나둘 좋은 결과를 이뤄낼 수 있습니다. 바로 그것이 고수익을 실현하는 길인 것입니다.

**남겨야 산다**

제1판 1쇄 발행 | 2014년 10월 14일
제1판 6쇄 발행 | 2022년 10월 5일

지은이 | 이나모리 가즈오
옮긴이 | 양준호
펴낸이 | 오형규
펴낸곳 | 한국경제신문 한경BP

주소 | 서울특별시 중구 청파로 463
기획출판팀 | 02-3604-590, 584
영업마케팅팀 | 02-3604-595, 562 FAX | 02-3604-599
H | http://bp.hankyung.com E | bp@hankyung.com
F | www.facebook.com/hankyungbp
등록 | 제 2-315(1967. 5. 15)

ISBN 978-89-475-2981-5 03320

책값은 뒤표지에 있습니다.
잘못 만들어진 책은 구입처에서 바꿔드립니다.